Chamán ante el fuego

Poesía

Ella lee

Kepa Murua

ALBACETE 2025

Título: *Ella lee*
1ª edición, octubre de 2025

Dirección: Anaís Toboso & Pedro Gascón
www.chamanediciones.es

© de la obra Kepa Murua
© de la imagen de cubierta Marta Tendero
© de la fotografía del autor Raúl Fijo
© de la edición Chamán Ediciones

Diseño: Chamán Ediciones
www.chamanediciones.es
Maquetación: Fernando Ordóñez
www.estudiocreatia.com
Impresión: Estilo Estugraf Impresores S.L.
www.estugraf.com

ISBN: 979-13-990098-0-4
D.L.: AB 81-2025
THEMA: DCF

Impreso en España

Índice

Ella lee

Vengo de donde mi madre,
voy adonde mis hijos,
todo se aclarará el día de mañana.

(km, 4 de septiembre de 2019)

El comienzo

Nᴵ siquiera lo que sentimos como totalidad
se reduciría a una página escrita.
¡Qué decir de lo que es propio!
¿Bastarían dos líneas seguidas?
Y eso que nos resulta ajeno,
¿podría condensarse en una sola frase?
Hay una pregunta ineludible
si queremos seguir adelante:
¿qué es lo que permanece de nuestra vida?
Y la respuesta podría ser bien poco;
una sencilla frase, una o dos sentencias:
nada o algo incierto.
Seamos atrevidos y escribamos el comienzo:
acaso un poema sin fin,
tal vez un libro abierto.

El vuelo

SOBRE el cielo la luz se impone,
los pájaros trazan círculos
que no se cierran sobre las ramas.
¿Se puede creer en lo que no se ve?
¿En las palabras que se oscurecen
para que no se entiendan?
El hombre que perdió la casa
abre su corazón al que lo necesita,
llega lejos cuando mira hacia atrás
y observa lo que le rodea.
¿Qué queda de lo que tuvo?
¿Era tan importante como se creía?
Nada es suyo, pero también le pertenece.
En un agujero profundo vive el resto.
Ennoblece vivir de prestado:
perdonar al que lo necesita,
también al que no quiere,
al que no vuelve, al que se queda en los límites.
Es de humildes saber que no es de nadie
y que lo que se pensaba impenetrable
se aclarará después de la noche.
Como hay un final que nunca termina,
para levantar el vuelo hubo un principio.

La protección

PROTEGE a quien no sabe.
A quien no vive lo espera,
aguarda a quien aún no viene,
engendra una semilla en el costado
de aquello que debería ser esbozo.
Pinta un cielo blanco con nubes azules,
un mar de peces que no llegan al fondo.
Concede libertad antes de tiempo.
Dibuja un velero en el sueño de la tierra,
su nombre no se ve, tapado por las olas.
Es lo que será si no llega a puerto,
la orilla reconoce su ausencia.
El único que no sabe, como siempre,
es el que no cree. Si no late,
no flota. Nunca se hunde.

La nostalgia

ENTRE páginas, las fotos de Dios.
¿Se necesita una religión para entender
lo que no debe ser comprendido?
¿Hay un canto para el designio oscuro,
escrito con letras que rechazan el júbilo,
incapaz de pedir perdón o arrepentirse?
¿Un libro abierto, para el bien,
y otro cerrado, para el mal?
La verdad es una, pero no es perfecta,
la consideración la envuelve con otras luces:
nostalgia de lo que fue, raíz de lo que queda,
paz en un camino que se pierde:
sin venganzas, sin odios, sin guerra.
La canción, aunque triste,
se posa en la rama frágil.
Sencillas son las metáforas de la vida.
Inmortal, la felicidad se mece.

La llamada

ACUDEN a mí las canciones
aprendidas en la infancia.
Por no entender el mundo
que pisaban mis pies,
viajé de parte a parte:
recorrí pueblos y ciudades,
atravesé valles y montañas,
volví a los cauces crecidos,
la niebla ocultaba el sol
cuando dormía.
El sueño me llevaba al origen.
No me olvidaron los rezos,
recuperados gracias a esa música
que permanece en el tiempo.
Me desperté en una nube gris
y escuché voces.
Me llamaron por mi nombre
y respondí;
no mentí cuando preguntaron lo que hice.
Atravesé la sombra sin temor,
sin pronunciar una palabra
que delatara a otros.
La canción que sonaba al fondo
hablaba de una cuna vacía.

La melancolía

NO le atrae lo que viene
ni lo que desaparece de la vista
ni lo que olvida la gente.
Recuerda lo que es interesante:
una caricia en la frente,
el camino hacia la escuela,
un perro mojado en el puerto, sobre la arena,
la piedra que cae del monte a la carretera,
gotas de la ola que explota en el coche;
nostalgia de un día de verano
que a nadie importa: respirar
o dar una vuelta con el perro.
Pero la tristeza duele y el abatimiento daña,
tanto el cuerpo como la mente.
El desánimo todo lo corrompe
cuando se esperaban los rayos de sol
y nos habla la muerte.
La soledad que nos acompaña:
antes diferente y ahora menos extraña.
Lo más importante: estar vivo.

La estirpe

EL canto, un poco antes del silencio,
une a las mujeres y a los hombres.
Su eco recupera la estirpe, un poco antes
la historia remueve cenizas en el volcán dormido.
Olvídate de los consejos del Gobierno,
de los sueños que hablan del prestigio
y de la necesidad de ser poderoso;
deja que pasen los años hasta que despierte
la inocencia en tu mente y el polvo
o el falso brillo desaparezcan de golpe
y la vida reaparezca de repente.
Nadie escribe la verdad con un lápiz diminuto
ni dibuja ese sueño perseguido con sangre,
de pie, sobre la calzada ante el muro.
Aquel que no las lanza al abismo
encuentra la calma en las tablas de la melancolía.
Con el peso de tantas piedras removidas de sitio,
llega la quietud que no se esperaba.

El camino

EL sol que ciega al vidente a través de las nubes
y protege al desolado amor que unos días parece triste,
anda por el bosque con los pies desnudos,
por sendas de piedras y barro camina
—un arroyo medio seco al lado—,
por el puente de piedra y la maleza
que bordea la sombra verde
y el centeno envuelto en luz clara.
Para beber un vaso de agua
y llenar los pulmones de aire fresco,
con cada paso, con cada movimiento,
con cada parpadeo y con cada asombro
—si no puedes llegar hasta el cielo de su cuerpo
o besar sus labios ahora fríos—,
por lo que no veíamos hace tiempo,
después de haber pensado demasiado
y haber trabajado mucho rodeados de tanta gente
y tanto ruido. Pero entre el gentío,
flores de aire y gotas de viento
refrescan el sudor del que parece enfermo,
perfuman la rabia del que se siente solo,
revierten la locura del que perdió el camino
en segura puerta que se abre
para que el amor pase dentro:
brillo que buscábamos con los ojos cerrados,
sombra que ciega porque nos creíamos invencibles.
Todo aquel que ame a los demás
lleva en su andar su lugar de oro.
Su sueño de tierra le atraviesa de lado a lado
para que se ame a sí mismo.

El presente

AHORA hablaré de la injusticia:
el tiempo que el anciano observa de pie
a quien una vez es joven.
O de la violencia: sobre la mesa,
la comida de quien debía llegar y no llega.
O de la agresión: ese golpe
en el eco de una risa que se atraganta
en dos mitades separadas de uno,
ese razonar sin su canto,
estrellado contra el pavimento
por una mano miserable.
Se interrumpe la conversación
que debía fundir el hierro de la amistad
con el cobre del amor que no se destiñe.
O de la ira: esa ventana rota con un puño,
esas palabras que sangran de la boca
y se perpetúan en un recuerdo
que ya no puede curar al completo
a quien necesita una venda,
mas no para que tape sus ojos:
donde todo queda, nada hubo,
y donde todo pasa, el mal no es eterno.
¿Qué sueño no adormila a quien lo necesita?,
y ¿quién nos desprecia cuando podríamos amar siempre?
¿Por qué ha de haber alguien que nos salve
o nos enseñe a responder con sabiduría
a la furia de los entregados a sí mismos?
El pasado que se dirige al futuro,
pero se detiene en el presente,
nos dirá la verdad de cada uno.
Aquello que nos une a la raíz de la tierra:
caricias que nos protegen y cierran labios,

hechos que nos retratan y recogen lágrimas,
lamentos que nos sanan y lamen heridas,
alabanzas que nos reconfortan
y nos sitúan en el mundo,
pensamientos que huyen del poder
y se entregan a quien lo necesite.

La advertencia

LA aflicción nos lleva al pasado.
En el tren parado en una estación
alejada: amantes, amigos, llamadas,
reclamos, viejas cartas, respuestas sin leer,
sueños escritos con letra ilegible,
para que otros no los leyeran.
Una mujer lee el libro que le regalaron,
aunque no lo pidiera y no le gustara:
un colmillo blanco cuelga del pecho,
sabe que no es una joya.
Desde el vagón de la nostalgia
se ven los árboles del conocimiento
con dolor y las raíces del agradecimiento,
el vacío del día en una noche sin sueño.
La maleta advierte que el regreso es infinito.
Dejamos la estación callados:
ella no volverá a ser quien era
ni tratará de cambiar a la gente
ni tendrá seguridad de que ese camino
la llevará adonde quiere.

El agradecimiento

AGRADEZCO a la melancolía,
nunca convertida en tristeza,
que me llevó a entender la nostalgia.
Aunque ya no estemos juntos,
a los amigos de verdad,
a los amores fugaces, a los sueños,
porque gracias a ellos
escribí lo que viví siendo joven.
Agradezco al nogal su presencia,
cada día que abro la puerta
le doy las gracias por estar a mi lado.
A la derrota que me hizo fuerte
le doy las gracias por dejarme fuera.
Y si hay alguno que aún me cree,
agradezco a la entrega y al esfuerzo
antes del regreso a casa.
Agradezco las puertas cerradas
y los puentes resbaladizos
porque me hicieron callado
y ágil con los años.
A la falta de éxito para que persevere.
A la página en blanco
que insiste que escriba de la flor
cuando me gustaría ser hormiga.
A Dios por dejarme ser poeta
aunque sea en una última fila
aislada de todos.
A los peces que brillan con cada ola
y al mar que está delante
y guarda lo que no revela en el fondo.
A mis ojos les agradezco,
pese al cansancio de tanto esfuerzo

y aunque no me mire en el espejo,
que estén vivos.
A mis oídos agradezco
retener la música que escribiré si puedo.
Doy gracias a los que no me escuchan
porque sin mí continuarán con la vida.
Rezo para que sean felices
y para que los lectores que me recuerdan
guarden la ceniza del pasado
en un cofre sin mi nombre.
Y al canto para que me cante
después de marcharme, o al menos,
pueda volver a ser otro
siendo también el de siempre.

La fortuna

BASTA hablar de lo que no se sabe
para que aparezca a tu lado lo que no estaba.
Resurge la fortuna en la pena,
reconoce lo que se tiene:
flor pequeña en mano grande,
llave que abre una puerta,
pasos que pueden volver si se alejan.
En la quietud del amor, con cada estación,
las zarzas se queman, el humo
llega hasta la ventana de la casa.
La iglesia, con cada incendio,
pertenece a aquellos que juntan palabras
y mueven los labios en un último suspiro.
Basta hablar de lo que se desconoce
para que las almas dibujadas en el altar
cobren aliento, para que los antepasados
resuciten con sus atuendos de otras épocas
mientras esperan ser escuchados los gritos
y las demandas de auxilio.
¿Quién cree a estas alturas en las palabras
que claman en un desierto donde el cielo
se confunde con la tierra y el infierno
se reduce cuando nos levantamos
de nuestra silla en llamas?
Basta oír un lamento para conocer la sentencia.
Vestir los harapos de la fortuna para ser libre.
Los de la pesadumbre para resucitar
al olvidado que arde; los de la nostalgia
para descubrir los deseos
que se amontonan en un callejón sin salida.
Los del juicio final para ser sinceros
y despojarnos de toda atadura.
Para ser renuncia que piensa en lo que dice.

El recuerdo

No ha de quedar el ataúd abierto.
Ni puede ser que el cortejo
sume unas pocas sombras
ni que el olvido se empeñe
en igualar lágrimas con recuerdos.
El rastro pudiera pasar desapercibido,
las pisadas de las palabras
no se estancan en la memoria.
Se desvanecen detrás de la muerte:
sin poder juntar las manos
para saber si hubo o no un secreto
o un algo que no comprendimos.
Pero no nos podemos marchar
sin hablar de lo inesperado de su partida
o conformarnos al escuchar lo que otros dicen
sobre su último deseo.
Que la última confesión
fuera una nota desgajada de una partitura incompleta
—con tiempo seguramente olvidada—,
en una despedida que se fija en el vacío,
no empaña lo que fue verdad
aunque ni su nombre quede.

La sonrisa

LA puerta giratoria no se detiene.
No para de moverse el camino
que no se sabe adónde lleva,
solo se reconoce que lo que nos iguala
es distinto para cada hombre.
Joven flor sin nombre, fuente sin agua,
aquí estoy gracias a mi insistencia:
el pájaro en el tendido eléctrico
añora la rama, el árbol las hojas
que no brotan en noviembre.
He llegado a ella con la sonrisa
que una madre entrega a su hijo.
Todos los días resuena el agua sin una fuente:
no deseo algo que no me pertenece,
enfermaría sin las palabras distintas que se dicen.
El miedo a no ser lo que soy
corrige en mis labios su ausencia.
La lluvia sin cielo, la ola
sin un mar que la sustente:
nada de lo que es de otro,
el asombro por seguir vivo.

La insistencia

DEJA que sea tuyo el final
y no cantes victoria antes de tiempo.
Pero si lo haces, que no sea con rabia
ni con desesperación.
La humilde hoja se adelanta a su caída,
la prueba de fuego resiste sin llama,
la eternidad tiene una conciencia clara
con aquel que escribe su itinerario
y no desfallece después del comienzo.
Sé pues arpa de una cuerda,
mano que no vende a los amigos,
labios que no traicionan al amor,
luz de miradas indiscretas,
secreto en la oculta rama.
Que no venza el canto que se repite:
no ganarás algo distinto si lo haces.
Si quieres seguir adelante, tienes que perder siempre.
Ha de ser sin premio o recompensa:
sin vencedores ni vencidos.
Mudo en las cosas grandes.
Pudiente con las pequeñas.

La precariedad

¿CÓMO se puede convertir a quien miente
y desdecir a aquel que aventura
lo que aún no está comprobado?
No me gustaría que mis palabras fueran inciertas
ni que los hechos que no se detallan fuera inexistentes.
Vienen con la rectitud del alma que no divaga,
el descenso los convierte en terrenales.
Hay que ser fuerte para no claudicar frente a eso,
se han de enfriar los sentimientos
y morder los labios para que no salga
una lágrima ni un grito ni una exclamación.
Abre los ojos también tú:
desciende a los archivos del infierno,
constata su muerte, aunque duela.
Quien conoce la verdad recibe silencio:
por eso haz de precariedad tu bandera
y ondéala para que amedrante
a quien inunda de basura el mundo.
Eleva la voz para proclamar la inocencia.
Muchos quieren olvidar lo que se hace
cuando se cree que nadie lo sabe,
pero cuenta lo que ha de mirarse
y se quiere oculto.

El destino

LUGARES invisibles donde hubo calles,
puente, plaza, mercado, un árbol
o la iglesia donde se oían las campanadas.
Pero está lo que no se nombra:
sus apellidos se confunden,
puede que no sean los del registro
o se escriban de otra manera;
su origen podría estar cambiado, ser otro,
para que venza la mentira
a la verdad permanente.
¿Qué podría decirnos sobre la ausencia?
Podría reclamar lo perdido, aunque no fuera
mucho, y perdonar a quien lo hizo;
siquiera un tiempo libre del silencio
que traiciona a una venganza que pudiera ir lejos.
Podría pedir un castigo a quien lo olvidó
en tierra de nadie o una reparación
que llegara a la familia.
Terrible destino, divina gloria:
no hay para él un lugar en el mundo.

La nada

HASTA el último rincón de la tierra
van las palabras sin sentido.
Pero yo ante ti me desnudo en el paisaje
donde las ramas y los troncos, las hojas,
el agua, la hierba, los cielos
escenifican el juego de salidas y desapariciones,
mas nunca lejos de la verdad
de esa respiración que se comparte.
Los que están invisibles dicen
que sin palabras se vive mejor:
nacen, viven, mueren;
y cuando se acerca el posible final,
lo hacen sin miedos ni preocupaciones
por lo que dejan atrás;
nada que gobierne las almas
a través de los pensamientos;
nada que gobierne las alturas,
nada hasta el último rincón de la tierra.
Vagan sin saber quién las pronuncia.

La destrucción

MALOS tiempos para la paz.
Peores para la precaución,
para la amistad, para el socorro.
No se permite la confesión
o asumir una torpeza.
No está bien visto reírse de uno mismo
y decir lo primero que se piensa.
Tampoco ser considerado
y pararse ante el dolor ajeno.
Son malos el error y el arrepentimiento.
¿Qué loco escribe lo que le pasa?
Volver atrás es de ingenuos,
de aburridos perder el tiempo,
porque el futuro es para los vencedores.
Con las catedrales iluminadas
en el centro de las ciudades
y las iglesias abarrotadas de fieles
en los cruces de los pueblos,
como castillos en la niebla
ardieron las vidrieras y se cerró la puerta.
Quedaron las piedras:
refugios para la gente indefensa,
para el recogimiento, para la poesía.
¿Quién se atreve a explicar el mundo?
Para el conocimiento,
¿a enumerar lo que hay dentro?

El desvanecimiento

HASTA aquí el tren de las oportunidades.
No deseo cambiar una coma,
ni quiero que un verbo inadecuado
dibuje sobre mi cuaderno un rasgo que no es mío.
Frente a mi recuerdo, por dañino que fuese,
la memoria no debería traicionarme;
debería dejarme mostrar mi fragilidad,
lo que queda de mi fuerza, que es poca.
En unos segundos el suelo fue mi cama
y de los bolsillos cayeron migajas de pan.
Tuve que recordar lo vivido,
pude confundirme y pudo no ser cierto
que sintiera como locura lo que fue desmayo.
Tuve que escribirlo para no olvidar el hambre
ni las piedras sobre la cruz
donde una frase incierta que aún resuena
destacaba con su color brillante:
dentro no hay un hombre.
Tuve que hacerlo, no tuve más remedio:
nadie me esperaba, el andén estaba vacío,
veía la lluvia al fondo de la estación,
el frío cubría con su humedad los raíles,
las uñas moradas no eran el final de los dedos.
Costaba imaginar que estuviera vivo,
dentro de mi ropa no había nadie.
Un rostro deforme con tentáculos grises
desapareció a través del techo.
En sus ojos vi mi interior.

Las tablas

LLAMARSE o no llamarse.
Llamarse vida o llamarse muerte.
Vida desbocada o en calma.
Abrirse o cerrarse.
Abrirse al mundo y al amor
o cerrarse en banda para no herirse.
Sentir los pies sobre las hojas
y los ojos bajo el agua.
Desnudo en el presente
o apesadumbrado en el pasado.
Victorioso y satisfecho
por vivir cada hora intensamente
o nervioso ante el futuro
que se cierne intransigente
sobre un remolino
que va de lo único a lo distinto,
de lo compartido a lo ajeno,
de lo imposible a lo posible,
y que destruye a su paso
todo lo que arrastra y comparte.
En un después que es intangible,
estar seguro sin estarlo
o encontrar al alma en vilo,
estar pensativo sin pensarlo
y dar con la frase que faltaba,
aunque esta no fuera indispensable.
Atravesar el sueño
y no encontrar ni la interrogante,
ni el número exacto de la respuesta,
ni el símbolo justo y transparente
que falta en la ecuación del instante.
Ir más lejos de lo planeado

y volver al punto de partida,
atravesar el lugar de lado a lado
y pensar que era mejor antes;
cuando se pensaba en ser libres
o se sentía inquieto por el viaje.
Abrir la puerta y oír el viento.
Cerrarla con un ruido
que encoge las tablas de madera
y que no se sabe de dónde viene:
sonido inesperado y seco
que podría sentirse como un milagro
que a todas horas nos persigue.
Sentir la melancolía
acompañada de una sombra permanente
que se convierte en algo propio
mucho antes de que llegue
y apropiarse de la nostalgia
que compite con el desánimo,
aunque haga daño,
cuando alguien nos llama y no vamos
o cuando llamamos y no vienen.

La ecuación

Nunca es exacta la ecuación,
pues nadie sabe cuánto pesa la nostalgia,
cómo será la vida que nos espera
y qué hay detrás de una mirada que fenece.
Los pasos no se cuentan, no tienen coordenadas
las direcciones que se siguen,
el cielo se abre a nubes inciertas
y la lluvia no cae igual en todas partes.
El mar no tiene el mismo fondo,
las ramas no se defienden del mismo viento
y el canto no siempre se graba
en surcos circulares ni en arrugas irrepetibles
como las de la corteza del árbol
que surgen naturalmente con un dibujo perfecto.
Nunca se conoce el número exacto del seísmo
ni la blanca nieve que limpia el suelo de cada escondite.
Ni lo que se escucha ni lo que se borra
o lo que se pierde o se encuentra
ni el sufrimiento se mira en los espejos
donde se reflejan las penalidades
porque la historia no tiene una única fuente:
el dolor no se siente igual,
cada deriva y cada salto suele ser diferente.
Cada cuchillo tiene una piel
y cada asombro una frente;
cada mano, una luz y una sombra,
cada dedo, una marca distinta,
el brillo es desigual sea día o sea noche.
Pero las trazas de la ecuación,
los números aproximados,
las sospechas de acercarse a una verdad,
que nunca es remota ni intransigente,

no se pueden borrar con cada muerte.
Cada pisada es de uno; no de otro.
Cada obstáculo parece insalvable.
Se nota con cada abandono.

La incertidumbre

NOS hemos vuelto inciertos
como flores que se apagan de día
o mariposas que no vuelan por la noche.
Hemos velado en el altar equivocado
para parecer bellos como estatuas nobles,
rezando de pie ante las vitrinas limpias
cuando debíamos sentarnos a la mesa de los pobres
y arrodillarnos en las sillas viejas
hasta sentir la felicidad de la incertidumbre.
Hemos dejado que volaran hasta el techo
las palabras pronunciadas sin ninguna fuerza
mientras los pájaros abandonaban sus nidos en la piedra
y recogían las migajas del suelo.
Hemos confesado numerosas mentiras
para ocultar la verdad de cada fuego.
El sueño no arde, pero la piel quemada duele.
El número marcado nunca se pierde, es para siempre,
resurge antes de que se apague el mundo
o de que un poema se escriba, aunque no se lea.
Tampoco el nombre destaca en la pila
que está seca ni se escucha el órgano
que no tiene un pedal ni el fuelle a la vista.
Todo eso que no se dice termina
con aquello que no se comprende.
Empieza con el espejo roto
al que no pudimos mirar de frente.

La plaza

EL sol abrasa las piedras;
en los bancos de madera conversan unas mujeres,
y alineadas sillas de bronce,
en una plaza de adoquines, sin árboles,
brillan como horcas sin cuchillas
en el compacto terreno del desierto.
¿Quién, bajo las piedras y el barro,
encuentra un broche en el suelo,
y manda una postal que cuente ese instante
con una escritura limpia, en tinta azul
y la imagen de un atardecer sereno al dorso,
de pie, en esta plaza? Yo no me atrevo.
Sin aire está la tarde, sin ruido el verano,
sin maletas que se llevan a un lugar remoto
en vagones de madera y una locomotora roja y negra
mientras en las cunetas crecen las flores,
en los ríos de los alrededores
el agua salta en busca de la lluvia,
y nadie quiere ser el primero que beba sus gotas
porque, aun sin saberlo, desciende a los infiernos
donde la arena está helada y el fuego congelado.
Sucedió en esta plaza:
desde las ventanas de las casas
los despidieron con lágrimas,
las últimas de unas mujeres desconocidas
que me miran en silencio:
¿qué hace el extranjero que se arrodilla
un sábado por la tarde de un verano
tan limpio y claro como este?
¿Llora en silencio? ¿Se muerde el labio?
Año tras año regresan las maletas invisibles a sus casas,
pero no vuelven sus dueños.

Día tras día se recupera un objeto, se encuentra una foto,
se conoce un nombre nuevo, un abrigo
guarda en su interior un anillo.
El viajero deja su tristeza en la plaza
con el envoltorio de un rezo.
Algún día se leerá una nueva carta.

El milagro

NO te aparezcas a quien se sorprende
al verte como nunca antes te vio nadie.
Todo lo que no se comprende
y no se esperaba suscita miedo.
No confundas tu lugar y el mío;
sigo una estela invisible
en el cruce de varios ríos.
Dejo en su cauce un sendero
para que el agua llegue a los mares
y pese a vislumbrar naufragios
o engaños en el recorrido,
tal como bendigo la fuente
trata tú mis pasiones con entereza:
concédeme la destreza de quien atrás no mira
y cuida la visión en aquello que me falta.
El ánimo se desangra con cada caída
y la valentía sola no es suficiente.
Pero no te aparezcas a quien no pensaba verte
y no te esperaba. Hazlo con quien te llama
y ante un milagro se resiste
o ante aquel otro que te asiste
sin saber quién eres.

La evocación

COLOCA el final en el principio,
descubrirás algo distinto.
No es un secreto que se desvele
al invertir el orden establecido
ni un misterio que trastoque
la normalidad acostumbrada.
Es un comienzo con una entrega diferente
y una concesión infundada,
aunque podría parecer una derrota
o una renuncia que no se comprende.
Para que se haga perceptible,
cambia el sentido del tiempo,
habla con quien por lo general no habla
y ordena las páginas para que estén en un sitio nuevo,
¿atravesado por los días que no van numerados,
cantado por las voces que jamás confiesan
quiénes somos y adónde vamos?
¿El silencio en un lugar cambiado?
La añoranza parece un regreso,
el resultado de la exigencia
que insiste en devolver lo entregado
a quien se ofreció de buena gana
y dijo lo que pensaba
cuando parecía que se alejaba
y en realidad era lo contrario.
Pero el desengaño no tiene tanta fuerza
como se cree, ni la resignación
es tan mala como se dice, ni la conformidad
muestra el poder de aquel que podría vencer
y no lo hace, que pudiendo ser cima
no guía el sendero de la iluminación progresiva.
No es un deslumbramiento repentino:

riega el agua la planta torcida,
la ola lleva la tormenta que se desvanece.
En vano el anónimo vuelo de una sombra
muestra lo que parece ausente:
cuando se invierten los papeles,
en la primera página no se escribe el nombre,
pero la luz avanza.

La distinción

LA flor que recogí en el suelo
mira al árbol que se erige al fondo.
Pero tú ven a mí, enséñame lo que sabes
y te distingue: puede ser una canción
o un sueño, un broche o un anillo,
un recuerdo, una caja con postales,
un tatuaje, un recorte de periódico,
una foto o una moneda sin valor.
Construiremos un mundo distinto
donde el futuro no será tan indeciso
y los deseos volarán como abejas
que liban las flores de la tarde
y van de un lugar a otro sintiéndose libres.
Apresúrate, es a ti a quien busco.
Quiero saber cómo suena tu voz,
fijarme en el temblor de tus labios.
Te busco y aún no llegas,
pero el mundo entero es nuestro.
Hemos de cruzar nuestros caminos
y detenernos a observar el cielo.
Una estrella podría tener tu nombre
y otra que no se ve crecer a su lado.

Ella lee

ELLA lee, no es el regalo que esperaba,
es una Biblia, pero no puede rechazarlo.
Ella camina, le hubiera gustado tener otros zapatos,
pero son los que tiene, no puede comprar unos distintos.
Ella cocina, le hubiera gustado hacerlo a solas,
pero el gentío abarrota el lugar.
Ella no está sola, le hubiera gustado leer
otro libro, pero pocas veces encuentra
la tranquilidad necesaria para hacerlo.
Ella recoge la mesa y limpia la vajilla,
suena música afuera, pero aún no ha terminado.
Ella baila, lo hace con contención,
le hubiera gustado correr y saltar,
pero todos los ojos la están mirando.
Ella se desnuda, no tiene un espejo,
la habitación está fría y es oscura,
pero no se puede quejar de donde vive.
Ella duerme apenas unas horas,
se tiene que levantar temprano, pero se acurruca
y reza: pide que su vida cambie un día.
Ella se despierta, cubre la cama con la manta,
y se limpia el rostro con un paño
mojado en agua, se seca con una toalla áspera.
Le hubiera gustado que la luz la acompañara,
pero aun en la noche se siente feliz
por poder estar viva.
Ella se viste, la ropa está helada,
pero no tiene otra de repuesto, la que lavó
cuelga del techo de la estancia.
Ella lee, abre el libro, es una Biblia,
siente que es una novela, pero piensa
que puede que no lo sea.

Ella sale al pasillo, recuerda
lo que fue ser mujer en un solo día,
pero intenta olvidar porque le duele.
Ella camina sin hacer ruido,
le hubiera gustado cantar una canción,
pero no puede.

La presencia

TODA herida que no se cierra
sangrará de nuevo un día.
Refugio donde no hay nadie,
todo lo que se abre, cae:
el puente cuando se pide ayuda,
tal como las palabras nos hablan
de los lugares que se sitúan lejos,
la paz en ese paisaje resquebrajado,
los silencios espaciados.
Los ojos blancos del dolor
en frases interminables.
El inocente guarda una memoria
que pocas veces se comparte.
La aceptación del sufrimiento
cuando descendemos, conmueve.
Pero él acepta su pasado,
lo comprende y mira adelante.

El abandono

FUERZA la realidad un doble fondo,
el reflejo de una imagen diferente
que no puede ser sustituida.
Pero no es lo mismo leer
Las tablas de la incertidumbre
que *El cuaderno de la nostalgia*
ni los rasgos de una mujer aún joven,
que no espera mucho de la vida,
pueden ser suplantados por otra persona,
ni su edad ni el deseo ni los sueños
por *Los himnos de la sabiduría*.
Además, puede que esas frases
que pronunciaron los padres,
aunque pudieran hablar de lo mismo,
no se entiendan del todo:
la verdad no se convierte en real
cuando las palabras no se juntan con los hechos.
¿Por qué iba a quedar sola
si sus cartas eran dirigidas a otras mujeres
que pudieran estar leyendo otro libro?
En una oración cabe la felicidad momentánea
como en una plegaria surge la ofensa eterna,
que nada perdona, ni siquiera al que la pronuncia.
Los hombres ignorantes no recogen la flor seca
ni retiran el cabello de una mujer
que desconoce qué es lo que la protege
y qué es lo que la abandona.
Solo puede ser verdad lo que la mentira no ofrece.
Las mejores están quietas, guardadas
en el libro que ella sostuvo en las manos.

La ira

LA ira mira atrás, furiosa
respira mientras una mano anónima
quema los cantos que se escuchaban en casa.
Se convierte en una pesadilla interminable.
Avanza en lo vano y convierte lo invisible
—ciego está quien lo sufre—
en una frontera donde se alzan tantas patrias
como guerras perdidas de antemano.
Cruza las avenidas de un salto,
cierra las calles a la luz, salen al paso
las escaleras del vecindario.
Convierte la incertidumbre de la vida
en una ofensa exagerada
y revive lo que estaba quieto,
oculto con una sombra perdurable,
en un grito donde la nostalgia
no tiene ninguna fuerza
y lo que se ve no lo podrá saber
aquel que el último día de la existencia
tiene un cuchillo brillante en el cuello.

La intimidad

LAS conversaciones íntimas
resucitan con cada palabra.
Vuelve a cerrarse el puente elevado
que une dos orillas.
En una de ellas vive lo que ha sido;
en la otra lo soñado.
Desde la muerte de los amigos,
descoloridas fotografías
se muestran con serenidad
a quien se baña en el río.
Cuando se tomaron, no se sabía
que sería un día de verano
con las ventanas cerradas
o uno de invierno
cuando el árbol cambia de color
y sus hojas visten de blanco.
Anda sin prisa el agua profunda
en torno a la claridad de lo pronunciado:
el negro no es el único color de la piedra
que envuelve el paisaje
cuando hablan los que se fueron.
Como actos de amor en cada suspiro
me buscaban por el poder de mis palabras
que pueden cambiar el mundo,
pero fueron ellos los que me enseñaron
a tener ese tesoro entre las manos:
en cada paso debe haber un fondo
para cada momento; un vacío para cada silencio;
una sonrisa, aunque triste, para cada labio.
No deberían cerrarse los ojos con una última palabra.
Con cada piedra lanzada al agua
no debería olvidarse su sonido.

El despertar

UN rezo escrito en el polvo,
un credo breve y misterioso
y mi nombre en la arena
sobre un mar de cenizas.
Iba desnudo, pero no era yo
el que se detenía. Se apartaron las olas,
saltaban los peces del mar a las estrellas,
brillaban escamas en mis ojos,
surcos y piedras quedaban
bajo un cuerpo que no era mío.
Luego, lo que parecía dormido
regresó a la arena: no estaba desorientado.
Una voz me dictaba:
no tengas miedo, encuentra
la verdad en lo que se te opone.
Todo lo que vuela no cae,
todo lo que camina no muere,
hay algo que se mantiene oculto
y otro algo que resucita.

La generosidad

HE puesto un libro en sus manos
y unas palabras que parecen poemas
dentro de un volcán que mira al cielo.
Hablan de la tristeza, cantan
sobre la nostalgia, sobre la soledad
que se entrega al infinito y la paz
que resplandece después de la muerte.
¿Confío en el lector?
¿Está ciego? ¿sordo?,
¿por qué no oye? ¿no ve?
He creado muchas nadas
en la mano de una mujer
a la que veo como un hombre;
he puesto un libro entre los dos,
pero no para que nos separe:
he situado su mundo y el mío
en silencios distintos.
En una madre y el hijo que no tuvo.
Un eco que pocos oyen,
el cielo que pocos ven,
como un poema que no se sabe
de dónde viene.
No tienes por qué tenerme envidia,
soy insignificante, soy una hormiga.
¿Quién canta sin estribillo,
escribe una carta sin remite,
camina por los surcos del tiempo
con unos zapatos brillantes?
¿Quién no sabe volver a casa,
pero abandona su colonia?
Recojo del suelo las migajas:
en la misma página coinciden

la justicia aún no vista
con la enseñanza nunca antes oída.
En un cráter oscuro de tierra anónima,
una entre un millón de otras hormigas.

La dificultad

Es difícil enseñar a quien no quiere.
Enseñar un oficio a quien no lo necesita.
Mostrar el camino libre de peligros
a quien no reconoce la encrucijada.
Saber escribir es difícil.
Una misiva, una carta de las de antes,
con pluma, con buena caligrafía,
con tinta que recorre la hoja en blanco
y explica lo que se propone.
Ser generoso es difícil, como lo es cantar y oler bien,
ser pájaro o ser flor en una ciudad de cemento.
Difícil ser viento sin estropear nada,
remolino sin llevar algo al fondo.
Es difícil desafiar al tiempo
y a la naturaleza que parece que desde siempre
se sostiene en la superficie.
Es difícil comprender las acometidas de la vida
y asimilar las dificultades en cada momento.
Es difícil leer las rayas de una mano y saber lo que dicen,
estar en paz y tener la tranquilidad suficiente
para vivir una larga vida.
Es difícil alzarse contra el opresor
como lo es salir de dudas
cuando no se sabe elegir el camino para ser libre.
Es difícil ser cráter y estar dormido.
Ser río y estar seco.
Ser mar y parecer de plástico,
ser espacio y parecer ausente,
ser fuego y acabar siendo ceniza,
ser destino y acabar en desastre.
Ser reina sin reino, amigo sin amigo,
ser un joven, pero sin amor.

Ser recuerdo y mostrarse distante.
Ser poema y parecer otra cosa.
Ser alma y ser arrogante.
Ser espejo y no ver a nadie.
Ser patria sin una frontera
y gente con tan poco peso.
Ser veneno y estarse quieto.
Ser muerte y estar callado.
Ser perdón y no ser perdonado.
Ser víctima y seguir vivo.
Ser pájaro y estar enjaulado.
Ser amor y no ser correspondido.
Ser comprensión y ser rechazado.
Ser presagio y mostrarse vacío.
Ser desánimo y estar indeciso.
Ser difícil y querer ser sencillo.
Ser hechizo y ser inocente.
Ser temor y padecer pánico.
Ser poema y no ser entendido.
Ser certeza, pero no para siempre.

La verdad

EL libro está junto a las flores en el jarrón,
el polvo cubre la portada,
sobre el título descansa una mosca
que vuela hasta la ventana
y molesta con su zumbido.
Encuentra la verdad, pero también
valora lo que te distrae en el cristal
porque tarde o temprano todo se sabe.
No hay lugares adonde no llegue
ni puertas cerradas que impidan al presente
la entrada de su sinuoso mensaje
que concede a la mentira una oportunidad:
el regalo íntimo, desde el orden de las cosas
al secreto mejor guardado para que reniegue.
Por eso refúgiate en su costado si es pasado
y en su cofre deposita las palabras
que un día saldrán fuera, y deja las otras,
que no son importantes, mas se dicen.
En la habitación que abres a diario
mantén la verdad sin censura,
pero haz caso de lo que te opone,
envoltorio que guarda lo que no es invisible,
espejos que mantienen el semblante
y no te deja vivir a salvo.

La providencia

No llega cuando la necesitas.
Viene un día y se queda, quizá
cuando ya habías olvidado lo que pediste.
A Dios, un día, le pediste que te matara,
enterrado como estabas entre cascotes,
o a la Madre tierra para que te tragara cuanto antes
porque no podías aguantar ni el dolor ni la pena.
La muerte ante el muro de piedra
al que mirabas aún con la venda ensangrentada
o ante el mismo mar después de haber sobrevivido
a su fuerza cuando llegaron a puerto.
Mucho antes se posó frente a otros:
sus labios se besaron en el atardecer azulado
y se dijeron palabras de amor o de despedida,
ante las velas invisibles del viento
que atraían otras voces y repetían otros latidos,
otros rezos, hundidos en el agua del bautismo,
donde flotan los que nacen
y no saben nadar los que mueren.

El olvido

SIN adioses no existe la separación.
Pero cuando se alejan las dunas
y desaparecen frente al mar inmenso,
detrás de las montañas se encuentran las aldeas
señaladas en el mapa.
De pronto, se pierde la voz
como se disipa lo que se supo de día
y se aprendió en el fuego de la noche.
No se recuerdan las fechas ni las caras,
queda el dibujo de un tiempo atrasado:
el rastro de los que nos amaron
incluso antes de que saliéramos a la luz
y nos bautizasen con nombres
elegidos para toda una vida.
A las puertas del mundo, el viajero
cuenta los días que han pasado:
enumera lo ganado y sobre lo perdido
sonríe con la tristeza asumida
para recorrer a salvo la distancia.
No quiere sueños que lo confundan
ni lumbre que con las ramas de la nostalgia
enturbien el lugar donde vive.
Sabe que en la hoguera se quema
lo que ha de recordar el olvido.
Pero cuando descubre una página
que ha de volver a escribirse,
y al viento como una lengua desgastada
que ha de humedecerse en otra vida,
recuerda de dónde era y se detiene.

El tropiezo

NI siquiera lo que sentimos como fracaso
se convierte en pena eterna.
Qué decir de lo que sentimos como éxito:
se olvida y no se recuerda como antes.
¿Podrían ser dos fronteras distintas?
Y eso que nos resulta propio, nunca de otro,
¿podría resumirse en una sola frase?
a todos nos pasa en la vida.
Una pregunta hemos de hacernos
si queremos seguir adelante:
¿qué es lo que quedará de nuestro anhelo?
Y la respuesta es tal vez inesperada;
una sencilla frase, una o dos palabras:
todo eso que parecía importante, pero no lo es.
Seamos sinceros y escribamos
el final del viaje: acaso un rezo, un agradecimiento,
quizá un suspiro, un deseo de tropezar de nuevo
para aprender una cosa distinta.

El instante

Se convierte en noticia inesperada
que llega cuando no se quiere,
enturbia la visión del momento
y el camino envuelve con hojas secas
y raíces ausentes cuando hace un instante
estaba despejado y no había nadie.
No llega el amor cuando se quiere,
no viene la verdad si se la rechaza.
Toda ausencia conlleva un deseo
y la solicitud tiene consecuencias
cuando se esperaba que fuera un regalo.
Llega lo que no estaba delante,
con alborozo o con disimulo
según la mirada en que se envuelve.
Ir lejos intranquiliza,
puede que pervierta la espera.
Sigue luego, ya sin prisa,
ese saber del adónde fuimos
y ese desconocer del adónde vamos.
Quién nos diría que la verdad
trae consigo la mentira que dijiste.

La pregunta

QUIERO preguntarte si llegaste hasta el final.
¿Recuerdas la habitación, había alguien más?
¿Podrías describir ese cielo oscuro,
la tierra congelada en el invierno, el tiempo
con ventanas de barrotes y tejados de madera?
Quiero saber si reconoces las palabras
que esperas sean benévolas, pero son extrañas.
Si pudieras volver atrás, ¿cuáles te intranquilizarían?
¿El sol que nunca sale, la luna que nunca es blanca,
el mar que no es azul como en los sueños
o la montaña que no es verde como se dice
en ese lugar en donde te preguntas
quién puso el amor entre los amantes
y por qué ese hijo vivió en otros brazos?
Dime, ¿quién es capaz de rechazar una vida
para que fuera invisible su rastro,
desaparecer entre la niebla de la nostalgia
para que la locura no envuelva a quien huye
o resucitar con la incertidumbre
para que se conviertan en promesas
y se ofrezcan a aquellos que pasan?
Quiero preguntarte por la inmortalidad del alma,
¿crees que resucitará algún día?
¿Crees que comprenderá y conocerá su nombre?
Dime si te paraste antes para beber una infusión,
alisar la manta que te cubría, llorar esa lágrima
que se oponía a salir de tus ojos
y que no quiso ser atravesada por la luz.
¿Escuchará al amigo, hablará con el desconocido?

La piedra

SE rompió la piedra de la fortuna.
En siete trozos se partió: lunar, brillante,
oscura, de arenisca, de basalto,
hermana de la piedra de la riqueza,
amiga de la abundancia.
En el suelo vi esparcidos sus pedazos,
saltó de la mesa con vida propia:
fue un no ver y caer de repente.
¿Realmente era de la riqueza?
¿Es verdad que valía lo que era?
De poco vale recurrir a la suerte:
viví con pena los días de lamento
y en los de vuelo me alcanzó la sonrisa.
De lo oscuro hasta lo claro,
hasta el resto, olvidado en el fondo,
cantan los pájaros con sus plumas,
azules, blancas y negras,
arrancadas en sus nidos.
Pero he de callar si no obtengo respuesta.
Confío: con tiempo o sin él he de resistir.
Todo es caída, rompimiento y salvación.

La llegada

VIENEN las visitas sin avisar:
un escozor en el cuerpo, un sueño
reaparece; un rostro amado
nos habla con frases incomprensibles,
el tiempo rasga la frente del pasado
mientras la mano nerviosa
revisa su color desgastado.
Llegan de repente en un viraje extraño.
Por la espalda levantan su cabeza
para que nos giremos de pronto
y les hagamos caso; vuelven
renuncias que quedaron atrás.
Se pensó que no despertarían,
que no volverían las plegarías
a mezclarse con los deseos
ni sus solicitudes a convertirse en tijeras
que cortan las flores de las ramas.
Necesitados de un vaso de agua
entre las escaleras y el rellano,
un día en que no se pensaba
cerrar la puerta y quedar dentro.
Con un reguero de temores y sospechas
está vacía la casa, pero no estamos solos.
Las sombras toman el pulso del descanso,
de un salto todo lo que estaba en calma
en un remolino se transforma.
Nos espera lo que nos debe la esperanza,
pero nunca se olvida del todo ni se va el miedo.
Lo habíamos sentido de otra manera,
ya lo vivimos antes y no nos marchamos.
Lejos quedan aquellos días sin hacer nada.

La voz

Y después serás lo que no quisiste.
Es la encrucijada de perderse,
de decir una cosa cuando se oyó la contraria.
¿Pasa en el amor? ¿En el trabajo?
¿En el oficio de seguir adelante
cuando la vida parece condenada al desánimo
y la soledad podría ser hasta muy triste?
Pero después, muera el desaliento,
venza la alegría o pierda el fracaso,
se convertirá en una voz distinta:
canto ante el viento, poema ante la historia.
Estuvo bien que se separaran,
cada sonido en busca de un océano diferente.
Grandes y pequeños afluentes
potencian la crecida y descubren el deshielo,
pero el canto ampara el nacimiento
y la historia emprende su regreso.
Se escriben en papeles de varios colores,
se sellan en labios de tonos desiguales:
uno de los ecos alcanza la lejanía,
uno de los susurros despierta de noche.
Pero ninguno de los dos niega al otro,
se hermanan en la distancia,
en la cercanía se rozan y no huyen
ante quien los oye y los confunde.
No se comparan en el comienzo,
perseveran hasta llegar juntos al límite.
El final es para todos el mismo:
cruza cada río con su corriente secreta,
cada amor tiene una fuente.

La destrucción

PODRÍA no tener regreso:
¿serán capaces de destruir el mundo?
¿Quién, con sus palabras, sus hechos,
sus votos, está dispuesto a apoyarlos?
Podría sepultar al superviviente.
Podría ser una flor, no el hombre,
una hormiga, no la mujer,
un pez minúsculo, no el hijo,
la piedra, el polvo o la nieve.
¿Será el final de la existencia?
Sin luz en las ciudades, sin estrellas
en el cielo, ni árboles en la selva
ni agua en el mar ni río en el valle
ni piedra de bautismo a la cual aferrarse.
¿Podría ser ese fin imprevisto,
helado, crepuscular, ceniciento,
que los creyentes pensaron abandonar
tras las puertas del infierno;
esa sorpresa que los escépticos
no creyeron posible, confiados como estaban
en que el deshielo jamás llegaría a la superficie?
Podría ser ese pozo sin fondo
que nadie quiere ni como resto arqueológico.
Ese oscuro presagio del que no se habla
pero luego, por eso mismo sucede.
El derrumbe del que no se regresa.
El relámpago que deja paso
al fuego en el horizonte.
Aniquilado el dedo que lo señale,
el incendio se apagará, pero la ceniza
no volverá a ser lo que era
ni el tiempo será como antes.

La certeza

EN el límite entre el arte y la ciencia
revive la certeza su asombro.
¿Cuánto pesa, es infalible,
acierta siempre o solo un poco?
Se acerca al nacimiento cuando muere
y el momento del abandono
coincide con el de la llegada.
La gratitud debería ser silencio
y el aplauso, pura coincidencia;
pero, ¿quién valora esta enseñanza
que se olvida con el tiempo?
No hay otra señal en el agua,
en la fuente no hay otro significado.
Otro tanto sucede con el fuego y la ceniza.
Con la madre y con el hijo también pasa.
Incluso con el hombre que parte
sin saber adónde, con los labios sellados;
con el cielo que se abre
en la conciencia y en el cosmos.
Se despide a quien va solo,
pero se muere acompañado.
No hay otra certeza
ni otro signo de distinción:
se vuelve cuando se muere,
se va cuando se renace.

El salto

HOY me he visto en el espejo,
aunque viejo, soy el de siempre.
Sucede igual con mis libros:
no deberían volver los poemas
que despertaron en mí la fidelidad por la escritura.
Cuesta creer que el tiempo
haya pasado tan rápido.
Fui nervioso y soy paciente,
radicalmente ingenuo y soy comedido,
bello y soy anciano.
Me refugio en el silencio que me respeta,
sostengo pese a la edad las páginas del amor
con cada beso dado y recibido,
apago el fuego del dolor causado
—imagino que por no poder cambiarlo—,
con la inocencia del momento
y el perdón no entregado a tiempo.
Soy un poeta asustado, aislado,
con un sueño inalcanzable: ¿lo olvidé?
Me ronda la muerte y ya no me río.
Nadie llama a la puerta, pero la abro.
El joven que fui vive en mí,
sin que lo pueda remediar
soy yo con la memoria en algún sitio.
Un sudor frío limpia la frente,
mis ojos pueden ser marrones o verdes,
cambian como las estaciones,
cuesta creer que siga vivo:
veo el sol y el mar en una playa,
envejezco rápido si no lo hago.
Cubrí mi rastro en la ciudad
y sin nada a cambio me retiré al campo.

Cuesta creer que siga siendo el mismo.
He cambiado, lo confieso, soy otro.

El poder

Yo también pensaba que la cumbre
era el lugar elegido, el de la llamada,
cuando después de la llegada
se debía convertir en obligado regreso.
El ascenso no es sencillo, hay que prepararse:
estudiar al adversario, eliminar
como un tahúr silencioso al amigo
que te ayudó a encender las luces del escenario,
jugar a las cartas de una baraja
que muy pocas veces se comparte,
bailar con una pareja sin ninguna afinidad,
sonreír a todas horas ante las cámaras
y dar la mano a gente desconocida
que segundos antes firmó sentencias terribles
o miró a otro lado ante la injusticia evitable.
Son infinitos sin infinito, avances
que son retroceso, límites que no se tienen en cuenta
en el dibujo de las montañas y los mares,
y en el orden de las ciudades, iguales
con el andar apresurado de la gente
que no pisa los jardines acordonados.
Me preguntaba qué motor invisible
movía a aquellos hombres que desde lo alto
mandaban sobre los que veían debajo.
Curioso ver la llegada de las mujeres
que se comportan como sus predecesores.
Me preguntaba qué llevaba a un escritor hasta la cumbre,
a un músico a convertirse en un director de un mundo
y no de su orquesta, a tanto actor
convertido en un dictador nefasto,
sin causa que defender ante la historia.
Yo también pensaba en la pujanza de los valientes

frente a la dignidad de unos pocos,
y como estos son o no son los mismos
durante distintas generaciones,
sobre la capacidad de convertirse
en aquello que se reniega en el inicio.
Y pensaba en los recién llegados,
distintos en una primera versión a los de siempre,
pero iguales a los más viejos e irreductibles.
Ellos también fueron jóvenes
y quisieron cambiar la situación,
pero cuando desde la cima se contempla
el dominio sobre los acontecimientos,
el regreso al origen no es importante.
Importa mantenerse en la cumbre
y creer en la originalidad del momento
que señala excepcionalmente a uno.
Yo también pensaba en la dificultad
de mantener un buen gobierno
sobre la cima de la obediencia eterna.
Yo también pensaba en estas enseñanzas
y estas reflexiones que no se comparten,
hasta que vi el daño causado
con la ley por delante
y frente a lo mejor del mundo.

Ella descansa

PASARON los años, se plantaron las flores.
Las macetas contienen tierra seca.
Se lavó la ropa, se tendieron las sábanas
ante el sol que llegaba a la terraza,
pero ella huye del peso de la fatiga
que conlleva recordar la belleza
de un jardín que se muestra desordenado.
No quiero hablar de eso, dicen sus labios.
Los ojos miran al infinito,
persiguen un asidero que no viene.
Pocos guardan el cofre de lo que duele
en un lugar secreto, muy pocos
en un costado de un cuerpo que entrega su alma
a un Dios al que se reza
o a un azar en el que se abandona
el orden de las cosas, así como la belleza,
para olvidar lo que no debería ser repetido,
y se deja quieto y no se mueve.
Duele recordar lo que no vive:
una flor marchita, una terraza sin ropa,
abandonada en el otoño de unas horas
venidas de no se sabe dónde.
Las hojas sueltas recuerdan el camino,
despejado y limpio de maleza
cuando se cambiaba de zapatos:
la música les avisaba que llegaban.
Después de todo, también descansaba
antes de volver a ponerse los viejos
y volver de noche a casa.
No había nadie que la esperase,
pero no era triste el regreso.
Cada vez que se la sacaba a bailar,
sentía cada nota como un cuchillo
que atravesaba su vestido y la desnudaba.

El calendario

ATRAVESADA por signos desiguales,
la letra pequeña no se lee
en los documentos que firmamos,
y las ramas, hasta que se secan
entre la hierba, sobre la mesa
tardan tiempo en deshacerse.
La raíz del conocimiento
destila hojas sueltas, inesperadas,
para comenzar con buen pie
el primer día de la semana
o el primer día del año
para cambiar y andar,
luego, mejor que antes.
Los errores del calendario
nos convierten en vulnerables,
las equivocaciones y torpezas,
con las que tropezamos y aprendemos,
cambian las cosas que sabíamos
por las que sabemos.
Con la verdad se es libre,
con la visión del alma mejor persona.
Caen las hojas en ese almanaque
con tantos consejos para levantarse.

El pago

No te pagarán con vida
ni con tiempo ni con libertad
ni con más voluntad de la que tengas;
lo harán con el desánimo y el desprecio
para que vivas en un limbo indefinido
que aparta a quien se puede defender solo.
No te recompensarán con monedas,
ni siquiera escucharás halagos,
medirán las fuerzas que te mantienen firme.
Que pases hambre no les importa,
será una anécdota que tengas sed.
No te aplaudirán por tu perseverancia
ni por tu tozudez ni por tu insistencia,
con una sonrisa esperarán a ver cuándo caes;
y cuando lo hagas, no te auxiliarán
si los llamas para levantarte.
Ante el suspense que podría decantarse
por uno de los lados de la balanza
y la duda de no ser lo que creías ser,
el dedo acusador mirará para abajo
y tus ojos verán cómo a tus pies se abre la tierra
y desde las entrañas salen esas bestias
dispuestas a aniquilarte.
El asombro no tiene límites.
No te pagarán lo que te deben,
postergarán la entrega con las excusas
que se ofrecen ante las promesas
que no se cumplen, y por eso mismo
te acompañarán con el aburrimiento
si pides lo que crees que te corresponde,
con el tedio al que insiste, con la envidia
que se disimula en el terco silencio

que retrata al que vence a un enemigo
que no es tan pequeño como parece.
Nunca devolverán lo que no es suyo
ni cobrarás lo tuyo cuando lo necesites
ni pagarán cuando es justo que lo hagan.
¿La dedicación? ¿El compromiso?
¿La palabra dada? ¿El apretón de manos?
¿Lo que podría venir después
si todo saliera tal como fue acordado?
Esperan que lo olvides:
no tiene mérito lo que hiciste
y las distinciones no se regalan
a quien es uno en la lista;
cualquiera, en las mismas circunstancias,
lo hubiera hecho, dicen mientras aguardan
que pasen los días para que tus pies
atraviesen el puente del olvido.
No te pagarán con el ánimo
ni serán agradecidos si fuiste leal y respetuoso,
pero el desaliento, tal como creyeron,
no será tu adversario, hará que seas fuerte.
Te dirá, aunque de una manera diferente
—no como ellos que nada dicen—,
que merece la pena seguir adelante.

El remedio

¿RECONOCES el antes y el después?
¿Conoces lo que será luego?
En el espejo, los años que tienes,
en el cristal, una luna rota,
cinco dedos en cada mano.
Naces, vives y mueres.
Mas ¿cuándo lo haces?
¿Desde que entras o desde que sales?
¿Amas con la puerta cerrada
o con la ventana abierta?
El vapor envuelve la nostalgia.
El reloj, arriba, averiado.
¿Adónde nos lleva la corriente?
¿Al fin o al remedio?
En medio está la calma.
Sentado espera el rezo,
de pie lo que se canta despacio.
Salir a la calle y dar un paseo.
Tocar la piel de los árboles
con las yemas, oír un jadeo.
Cubrir el amor con un poema.
Reconocer lo que está detrás
del profundo significado.

El retiro

DESPUÉS de tanta incertidumbre
por cubrir de alimentos los días
y con la nostalgia de lo que ya era pérdida,
pues no podía ser abono
lo que se entregó a la Ley divina,
llegué un día a esta casa.
La brújula giraba sin detenerse,
el lugar estaba abandonado,
no había una huella sobre la arena,
las endrinas podrían ser venenosas,
la laguna, con un paño de aceite verde,
ocultaba la corriente.
Me preguntaba si habría peces
en un estanque tan reducido.
Del puente construido por el hombre
una docena de piedras quedaban en pie.
No era el paraíso, pero tampoco era el infierno.
El eucalipto que era alto y ancho
a un metro se plantó ante la puerta.
Ese era su territorio y yo fui al mío.
Abrí la primera página del libro
y leí el poema titulado "El comienzo":
Ni siquiera lo que sentimos como totalidad
se reduciría a una página escrita.
Me quedé en sus páginas dormido:
en la ciudad miraba los jardines
y en el balcón crecía la huerta entre macetas.
Ya no se ve ni se camina como antaño:
ella leía los Evangelios,
parecía una mujer distinta.

La sinceridad

HABLARÁN los poetas con vehemencia
y los científicos comprobarán el acierto de sus conjeturas.
Lo harán los monjes con sus alabanzas
y los conversos con sus meditaciones profundas;
los demás podrán comparar con su ejemplo
lo que se afirma que es sincero.
Las voces en la calle recurrirán a su compañía,
pensarán si es cierto lo que confirma su doctrina
o si es mentira lo que hay detrás de todo.
Es difícil que la verdad derrote a la mentira,
pero no es imposible que salga a flote
después de tanto dolor y sufrimiento.
Lo harán los políticos y los gobernantes:
hablarán de esa que es oficial
y conviene que sea de todos.
Puede que cada uno tenga una;
una distinta para cada hora, una diferente
ante las personas con las que se encuentren,
capaz de defender, con pruebas certeras
e infalibles, lo que se afirma.
Los científicos seguirán con su obra
y los poetas numerarán las palabras
entre las sombras y los amaneceres de sus voluntades.
Pero, como verdades no hay muchas en la vida,
una sola hay en todo lo que no se dice.
Una que nunca se aleja de la conciencia
y ocupa su lugar en la casa.
Cuida las palabras que escoges
porque de ella se hablará en todas partes,
sin que morada ni edad sustente lo que dice.
Y cuídate de los que ondean su bandera
antes de que sea tarde. ¿Cuál es su color?

Es difícil que se oscurezca ante la mentira,
pero no es imposible que venza.
Aquel que tenga dudas beberá de la copa equivocada
y caerá de lleno, contundente es su veneno.
Aquel que la sostenga la entregará sin odio.
Hay que ver cómo se resiste a cambiar de mano.

La resistencia

SE resiste la vida a que expire,
el fuego a que se apague,
la selva a que se limite su extensión
y corten sus árboles.
El agua a que se seque.
La luz a que se debilite.
Los animales a que se extingan.
La historia a que se acabe,
el amor a que se consuma.
A que se agote la riqueza,
el tiempo a que se apure.
Y ¿el hombre? A la paz
que no a la guerra.
A la fe que no a la claudicación.
A la calma que no a la violencia.
A la rebeldía que no a la sumisión.
A la semilla que no al envase.
Se resiste la palabra
a que se pervierta su significado.
El rezo a convertirse en copia.
El canto a ser insulto.
El poema a ser maniatado.
Y ¿el hombre? A sus obras
antes que a la traición;
a hablar con sinceridad,
a labrar la tierra,
a volar libre por las estrellas,
a proclamar su bondad,
a edificar con acierto,
a rechazar la amenaza,
a despreciar lo que es ajeno.
A elegir con acierto.

A la abundancia.
A la generosidad.
A la voluntad de entender
lo que sucede.
Se resiste a pedir ayuda,
a su salvación.

El dolor

PROTEGE de lo que vendrá y por eso no calla
ante aquel que no cree en su sello.
Después de todo, atraviesa el costado
con una hoja derrotada que se entrega
a quien ya no es correspondido.
Esa señal que no responde a la medicina,
punzada que duele con la respiración,
arrasa la piel que se desnudaba
junto a la promesa de seguir juntos.
Mantiene los recuerdos a salvo
hasta que vuelve a crecer una flor
allá, donde ahora es barro.
No desaparece en el camino
de la casa de la oración, con cada paso,
a nuestra voluntad se entrega.
Antes de que te desangres,
alcanzaré la libertad un día, te dice.
Nos acercamos a él para que sirva y no dañe,
para que profundice con otra fortuna
y no hiera con su cuchillo ardiente.
¿Se puede ser su dueño un día
y seguir junto a él cuando se entregue a otro?
Que nos ampare, que con él no se muere.
Que nos avise porque al marcharse
se agradece su insistencia.
Se puede; pero él es libre,
desaparece cuando no se le necesita.

El cuadro

NI regresa en invierno, en otoño,
en verano, ni en primavera deja
todo lo que has visto.
El amor no se detiene,
acompaña desde la infancia,
¿el libro abierto se cerró inesperadamente
antes de que cumpliera lo prometido?
En el cristal del día limpio
ando con el dedo que se lleva a los labios,
callo sin previo aviso.
Su perfume se traspasa al papel,
la secreta desdicha del que escapa
memoriza el cuadro: una mirada
hasta recordar, la última despedida
para que sea para siempre.
Verso sin rima, canción sin estribillo,
sin nombre, sin firma, de pocas letras,
y, de fondo, el sonido de una mandolina:
vuelve adonde vamos, huye.

La mirada

CAE la roca desde el cielo, la piedra
cubre la sombra que nació contigo.
¿Qué es lo que pasa? Aunque no te encuentre,
aunque no te pregunte y te pierdas,
como la lluvia que desciende de las alturas
y enciende los semáforos en rojo,
¿qué es esto que pasa antes de lo debido?
Retroceden los pies, las ventanas se cierran,
las puertas se defienden con verjas y alambres,
los candados son vendidos como droga:
debía ser cobijo, debía ser refugio,
lo que debía ser amor sin miedo.
¿A quién escribo sin una mirada cómplice?
¿A la noche que espera si cruzo o no la calle?
¿A Dios que me pide que purifique el alma
mucho antes que abandone el cuerpo?
Escribe, no lo olvides: erosionar la roca,
atravesar la lluvia, quedarse quieto, no moverse.

El bien

ALGUNA vez has de leer un libro bueno.
Si es este, me encontrarás a tu lado,
si es otro, y te gusta, este te parecerá malo.
Los favores de la fortuna y la abundancia
se obtienen con esfuerzo; el bien,
rodeado de sombras y dudas,
no brilla en las páginas de gran tamaño.
Tengo dudas sobre las obras maestras:
he sentido la torpeza humana
y constatado sus muchos errores:
¿por qué esas imperfecciones se perdonan
para que revivan con otro formato?
¿Es verdad lo que dicen que han leído
en los libros sagrados, en las novelas ejemplares,
en los tratados de historia y en los poemas oficiales,
y aunque no lo hayan hecho, a sus labios
trasladan con rotundas afirmaciones?
Se revela la ignorancia cuando se les escucha,
primeriza nube que oscurece el alma
es peor que el mal que devendrá luego:
la puerta que está congelada,
el cuchillo que nunca vuelve a su funda,
el micrófono que dispara una bala,
reflejos de esas enseñanzas
que no son reales ni son tales.
En las menores: las plantas, los pájaros,
las flores, el agua del pozo, el cubo roto,
los guijarros entre los árboles del camino;
pueden guarecernos y están vigilantes.
Se reparte el cosmos en dos índices:
uno para los que creen que los malvados
son los dueños de la tierra;
otro para los que leen la salvación
en la abierta y arrugada hoja.

La elección

LOS brazos se alzan, sujetan el cuerpo,
el cantante salta del escenario,
descansa en el ataúd con una música distinta.
La canción abandona su significado,
penetra en el sueño complejo
que se libera en ese instante.
El réquiem despide a quien viaja
y la melodía abraza a quien se eleva
sobre la bóveda de la iglesia.
Puestos a elegir, ¡ay!, ¿qué escoger?
¿La alegría del que canta
o la serenidad del que muere?
Cuando los brazos se alzan
y los pies tiemblan de frío
y el agotamiento supera al miedo
o mientras gira entre gritos,
la noche se apaga entre luces.
Son lecciones que no se olvidan:
¡ay!, esas manos que nos sostienen
en las alturas inconcebibles
o esas otras que nos acompañan
a lo profundo de la tierra.
Puestos a elegir, elijo una canción
que se canta para ser feliz,
una vida alegre en una triste despedida
para ser recordado elijo.

La confesión

A ti, amigo, que aún no sabes quién soy,
te confieso que viví años sin ver nada,
y a ti, amiga, que no sabes por qué me llamas,
que no fui tan desgraciado como se cree.
Confieso esto cuando el lápiz se me cae de la oreja
y no encuentro las gafas que remedian mi torpeza
de herirme con todo lo que me sale al paso:
el amor, tal como se fue, vino un día en primavera;
ahora, con un paño ella limpia mis ojos
y con un poco de agua aclara mi garganta;
no puedo olvidar la muerte de los amigos,
¡cuánto daría para que volvieran a ser carne y hueso,
luz que sonríe en algo más que una fotografía!
Y a ti, padre, con quien reí hasta tu último día,
aunque fuimos distintos, teníamos algo parecido.
Y a ti madre, que sabías cómo soy,
pronuncio estas palabras con sinceridad.
Me decías que no mintiera y no lo hice.
Me dijiste que no estuviera solo y te hice caso.
Me aconsejaste que respetase a todo aquel
que se cruzase conmigo; que no hiciera a las mujeres
lo que no quisiera que hicieran a mis hermanas;
y me recordaste que antes se le coge a un mentiroso
que a un cojo, cuando era niño.
Me hiciste jurar que no confiara en mi inteligencia,
para que fuera listo y dijera la verdad.
Te confieso que cumplo con las enseñanzas.
Te prometí que no lo olvidaría y no lo hago.
Y a ti, lector, que no sabes quién te llama,
que eres el espejo que necesitas.
Y a ti, lectora, con un libro en las manos
como este, que eres libre y bella.

La entrega

¿QUIÉN es el que dicta lo que será de otro?
Escucho con el blanco escudo
de la consideración a quien lo hace;
faltaría al respeto si no lo hiciese,
soy educado con el desconocido
que quiere ayudarnos;
yo lo escribiré más tarde.
De las cosas que se hablan,
de las que se esperan,
por experiencia sé poco;
lo justo para no dormirme
y seguir la conversación.
Faltan días para que se consuma
lo que vendrá definitivo;
enumero los riscos que he de saltar
para llegar al otro lado: el conocimiento
no contempla el fuego en una sola vela.
Pero el incendio, ¿qué paisaje arrasa?
¿Quién a mi lado? ¿En qué página?
Faltaría al respeto si no lo hiciese:
educado con el desconocido,
atento con el que nos llama
y nos dicta lo que escribiremos
para otros con nuestro nombre.
Ojalá que ellos sientan,
con el lógico estremecimiento,
mucho más que el que oye.
Ese es el reto: atrapar el poema.
Esa la entrega: confiar en que no arderá
aunque se desconozca de dónde viene.

La promesa

LEÍA una frase que escribí
y dentro del libro había una fotografía:
ella abre las páginas de uno distinto;
la raya del peinado marcada,
la melena negra hasta al cuello,
su oreja a la vista, un traje
con falda de color oscuro
tapa la camisa blanca,
calza zapatos de tacón bajo
en un día de verano frío.
Ahora es abril con los bolsillos vacíos
y una estela de apariciones
desvisten lo acordado:
las pequeñas promesas
son como los grandes convenios,
pero el ayer teje una red de nostalgias
entre lo que se pronunció y no se hizo.
¿Qué puede pasar cuando nos despiertan
las que se incumplieron?
Las páginas nunca van desnudas
y lo que tantas veces podría ser olvido
surge cuando no se esperaba.
Apoyada en un muro de piedras,
lee sobre un fondo de casas estrechas.
Yo escribí esa línea; si no antes,
¿por qué hoy he de hacerlo?
Sobre la mesa, dos vasos de agua:
uno vacío, el otro lleno, mas no bebo,
dejo la página como estaba.

El testimonio

CON cada confesión vence el recuerdo:
guardado durante décadas necesita liberar su presa.
¿Por qué el viaje convierte lo que toca en vértigo?
Se helaron las lágrimas de los que los despidieron,
lo hicieron sin reconocerlos completamente.
¿Cuántos años pasaron? ¿Darles sepultura?
¿Quién quiere volver atrás cuando la historia
se dirige al día después de la pérdida?
¿Quién coger el nido en un terreno sin árboles?
Los libros que llevan el perdón de la gente
son notas esparcidas entre matorrales,
hojas calcinadas en un paisaje mudo
fue mirar y no nombrar la caída.
¿Cuántas veces se pensó que no merecía la pena?
¿Cuántas se quedó sin reaccionar hasta que fue tarde?
Tras descubrir el infierno en la tierra,
pese al peligro de llegar a las raíces, a la hora
de escribir y grabar lo visto no me tembló el pulso;
pero en el descanso, sin la ayuda del lápiz,
con un pie fuera o dentro del círculo helado,
se me seca la lengua y balbuceo lo memorizado
como un testigo al que le falta una respuesta
para convencer al juez del porqué de su regreso.
Puede que me confundan cuando me llamen:
no dije lo que se dice, conté lo que no se sabía,
ayudé a quienes pocas veces se ayuda
—hubiera sido mejor si no lo hubiera hecho—,
y escribí de la barbarie que sigue viva.

La acusación

POLVO viejo que se acerca a mí,
aceite que resbala sobre sí,
condena que aumenta de peso.
Crucé una puerta que juré no volver,
traspasé el umbral de lo que es incierto
y podría parecer real. La gente que me acusa
no me conoce ni sabe nada del caso,
pensaba que no pasaría, pero sucedió.
¿Qué puedo hacer si no soy el que fui?
¿Escribir mi defunción,
colgar una esquela inventada?
¿Dejar una nota sobre la mesa de la cocina
y llevarme la soga del garaje conmigo
para que alguno de los que me acosan
diga que fui un cobarde? ¿Encerrarme en casa?
¿Abandonar este mundo por una puerta falsa?
¿Ocultarme, desaparecer estando vivo?
Polvo sin remedio, esparcido en barro ajeno,
con el ruido de los caballos ante el infierno,
¿por qué me golpea lo imperdonable?,
¿por qué he de enfrentarme a esta denuncia?
Bajo la almohada de los años deslizan
el pañuelo sucio de la vergüenza
y ni una queja puede salir de mi boca.
Polvo atragantado en el aniquilamiento.
Estrangulado antes de pronunciar una palabra.
¿Para qué insistir en la inocencia?

La fe

DEBERÍA contar lo escuchado,
pero de otra manera.
Dejar la poesía
y repetir las palabras dichas.
Renegar del canto
y utilizar estrofas sencillas.
Desechar la humildad
y hablar con orgullo.
Huir de la frontera
y vivir en la capital.
Debería explicarme
con pocas frases.
Escribir un texto breve,
entendido por todos,
los mayores y los niños;
escribir el resumen
y olvidarme de tantos libros
que no abre nadie.
Debería volver a la realidad
y renunciar al sueño.
Hablar con claridad,
con precisión, con arrojo.
Explicar lo que sé
con palabras dañinas
y hasta con insultos.
Nada de metáforas
ni símbolos ni perfumes
ni trazos ni bocetos
ni dibujos inacabados.
Ninguna referencia
a los pasajes memorizados.
Ningún caso a los manuscritos

ni a los tratados de la memoria
o a los versículos del conocimiento.
Olvidarme necesito
de las tablas de la nostalgia.
Desviarme del decálogo
de la incertidumbre,
pues ya tengo sesenta años.
Ser más distante y contundente,
distinto al que soy.
Acertar de lleno
y hablar como quieren.
No ser tan sincero
ni tan profundo.
Ligero. Amén.

La celda

AGUARDO a que lleguen las palabras
antes de cruzar el patio de hormigón armado.
No es fácil atravesar las puertas blindadas,
oír cómo se cierran las rejas de los pasillos
de cemento y latón amarillento
y dejar atrás la alambrada gris
rodeada de púas y cables eléctricos.
No es sencillo desligarse del pasado
y enfrentar el rostro de uno en el otro.
Nunca te pregunté por las razones del cautiverio;
la prensa barajó noticias dispersas,
y la primera vez fue difícil:
tú hablabas con naturalidad
y yo callaba ante el espejo blindado
en el que un teléfono sucio de color rojo
comunicaba dos mundos resquebrajados,
separados por una condena perpetua.
¿Quién entre barrotes dice que es culpable?
¿Qué madre abandona a quien no lo acepta?
Amigo, a quien prometí volver otro día,
otros vigilaban nuestros movimientos:
¿qué hiciste cuando quedaste a solas?
Y yo, que no me atreví a preguntar
eso que me interesaba y no me concernía,
¿qué pensé yo cuando volví a la habitación
donde una cama, un armario y una mesa
esperaban a un hombre cabizbajo?
Dos madres hablaban de terraza a terraza,
los niños saltaban la tapia, pasaban
de una cocina a otra; pensativos
dos hombres observan lo alto del muro.
Cada uno desde su celda.

El sonido

LA flor se abre al jilguero,
el agua del manantial moja la tierra,
el fuego quema la madera
como arrasa el pozo de lo que sentimos
con todo lo que decimos allá dentro.
Sálvanos Señor de este reproche
que es vergüenza del que nos mira,
líbranos de este lamento de serpientes
rodeadas de piedras que no sienten
la caída del amor cercano.
Vestidos que se rasgan a solas,
desnudos ante la fuente del bautismo,
tú y yo, bajo el árbol del cielo,
no tan alto como se creía.
Sin ramas en las manos, tú y yo,
labios juntos en los meses idos,
raíces distintas en un hoy frío:
ortigas que se mecen solitarias
en el eco de su traída nostalgia;
las palabras que no se han de decir
resbalan por esa pendiente
que acaba en la puerta de casa.
Sálvanos de convertirnos en hojas secas.
Su ruido nos espera cuando salimos;
no dejes que escuchemos las que maldicen
nuestra suerte, las que nos delatan
y crujen con cada paso equivocado:
líbranos de su sonido, haz que no llegue.

El aprendizaje

GLORIFIQUEMOS la palabra dicha
y no la mantenida en secreto.
Hablemos de la bondad de la vida
y no lo hagamos de la destrucción.
Escribamos de la herencia recibida
para expandir el cielo a límites nuevos
y no del reparto que divide el firmamento
entre medidas imposibles o aleatorias
que satisfacen a los poderosos.
Fundemos lo que es bueno,
mantengamos lo que es necesario para vivir
y no destruyamos lo que nos une.
Sumemos y no restemos.
No restemos al pensar que venceremos.
No reneguemos de los que no nos aceptan
ni olvidemos a los que no nos comprenden
ni dividamos a los que viven en sus enfados
y rechazan el criterio ajeno,
por sincero o demasiado ingenuo.
No despreciemos lo que tenemos
aunque pueda parecer poco,
ni llamemos a la guerra por otro nombre
ni a las cosas por otras denominaciones,
tal como no confundimos a locos con profetas
ni a los que son ambiciosos con los inocentes,
ni a los ricos con los desheredados
ni a los reyes con sus vasallos.
Hablemos con propiedad,
utilicemos los sinónimos adecuados
y no recurramos a los estereotipos
ni a los desprecios ni a los insultos.
Enseñemos al que no sabe:

perdonemos las afrentas recibidas,
olvidemos las acusaciones infundadas,
hagamos un mundo mejor que el que tenemos.
Seamos hijos de un tiempo único,
dejemos una posibilidad distinta,
una experiencia a los que vendrán luego:
sumemos hasta lo que nos duele
y no olvidemos lo que nos hace felices,
ni rechacemos esa parte imperfecta
que tenemos y que podría usarse
para que en otra parte seamos perfectos.

La resurrección

Es un milagro que vuelva
alguien que ha muerto.
¿Será definitivo esta vez?
¿Dijeron que había fallecido?
¿Por qué pensé que no estaba
entre nosotros y que se había ido?
Pudiera ser que lo hiciera
a lomos de un caballo blanco
sobre un cielo azul que cierra
una página escrita de antemano.
¿Adónde fue callado como estuvo
y qué hizo mientras tanto?
La resurrección tiene un precio:
¿quién desciende desde las alturas?
Se muere para vivir en otro cuerpo,
se entrega el alma al aliento,
cabalga en un lugar distinto
el jinete desconocido:
¿quién puede deshacer el pacto
que el diablo ofrece por poco?
Los cascos de la fatídica alianza
pasan ante quien no se levanta:
¿él tan vivo con su ausencia
y nosotros muertos de miedo
con semejante conjetura?
Puede que nunca estuviera solo:
la cábala se lee desde la cuna,
el mismo libro en tiempos distintos.

La desaparición

Ella lee un libro en la huerta,
alejada de miradas indiscretas,
bajo la sombra del nogal y cerca del muro.
Las flores cubren el camino del calvario,
cortará unos claveles blancos y rosados
que llevará a la tumba de sus padres:
amapolas, anémonas, rosales
que se clavan en las manos,
hortensias, lirios, margaritas
que recogen en verano las niñas
para saber si las quieren.
Ella también lo hizo,
sonríe con el recuerdo:
salió que no la amaban.
No quiso repetir el juego,
una risa que sonó alrededor
cubrió sus pies helados.
Flores que desaparecen en invierno,
como se van los que no vuelven
y abandonan la casa un día
aquellos que regresarán en un tiempo
de temperaturas suaves.
La desaparición
en un cerrar y abrir de ojos,
el sonido de los pájaros,
a quienes no se ve en las ramas.
¿Escuchará de verdad
cantar su desconsuelo?
Vendrá de no sé sabe dónde
el amor; aunque no estén.

La confusión

TE dije que el árbol de los poetas es el nogal,
pero puede que me confunda y sea el roble.
También me pasa con la música:
depende de quien la cante, me gusta o no.
Me pasa con el baile, depende de quien lo baile,
podría parecerme ligero o señorial.
Me pasa con las personas:
con la gente que me cae bien cuando la conozco
y luego me decepciona; o con las que me caen mal
y se convirtieron en buenos amigos.
Me pasa con otras cosas:
con los amores que tuve y no recuerdo como tales
y con los que convivo y llamo por su nombre,
aunque a veces siento que me enredo,
pues hay algunos días en que estoy despierto
y otros en que ando somnoliento.
Con los momentos también:
cuando escucho las letras de las canciones
y me emociono o me pongo triste.
Con los recuerdos también:
encontré una fotografía y quise saber de ella,
el título del libro que tenía en las manos,
si fue feliz cuando aún no era mi madre.
Cuando vivía también:
apenas hice caso a los que tanto
me rodearon con sus brazos
y me besaron en las mejillas.
Evadiéndome de su sombra para parecer fuerte,
me descubro en la añoranza;
y me pasa con la incertidumbre:
hay días que tiemblo mucho
por lo que tendré que vivir después;

en cambio, hay otros en que confío
en que todo saldrá bien.
Te conté que se fueron todos,
pero puede que me confunda
y que quede alguno.
Que murieron todos te dije,
pero no estoy seguro,
puede que alguno esté vivo.
Me pasa con el tiempo:
vivo en abril y creo que estoy en mayo,
siento el verano, pero es el otoño,
mezclo los días y hasta los años.
Y con los poemas:
leo uno que no es mío y me gusta,
ojeo uno distinto y no sé si es de otro.
Y con el rezo me pasa a menudo:
no sé si he de arrodillarme
mientras una vela solitaria arde en la esquina.
Te dije que hay días en que no creo,
pero pueda que esté equivocado y crea.
También me pasa con el amor:
hay días en que lo defiendo
y otros en que reniego de su existencia.
Te dije que el mundo es un lugar magnífico,
pero puede que me confunda
y se convierta en un desierto.
Que la vida es también bella te dije,
pero puede que no lo sea.
Me pasa con el mar:
me gusta cuando está en calma,
pero no me disgusta su enfado.
Con los sueños también me pasa:
sin hablar de ti me hablan,
pero puede que me equivoque
y me digan cosas que nos atañen.

Me pasa con las oportunidades:
te dije que están desde el principio,
pero puede que me confunda
y estén al final.

El aburrimiento

UNA sombra ligera se adelanta,
se mantiene atrás la olvidada.
A distancia del fuego
va el hombre con su desventura.
El amor lo salva, afirman los libros.
La amistad lo defiende de la vejez,
los diálogos celebrados.
La confesión lo aleja del pecado,
según las sagradas escrituras.
La tristeza que nunca viene sola,
los cuentos de invierno.
Aseguran las fábulas de verano
que para entretener la vida
no hace falta quemar el bosque.
Para acabar con el paisaje
no es necesario destruir
aquello que sale al paso, nos enseñan.
No es necesario cometer una locura
para dejar la soledad que se aborrece.
No es justo hacer algo equivocado
para acabar con el aburrimiento.
Aceptar que llega, saborear
su vacío, esperar ahí, parado,
junto a la sombra; no hay otra.
Es insuperable ser viejo
y sentir que pasa.

El horror

DUELE después de los años.
Apoyada el hacha en el tronco,
el agua del barreño limpia el rostro.
Llueve sobre la memoria,
cada gota guarda la confesión,
la semilla que no se ahoga.
El rumor que nunca se apaga
va de la calle a la iglesia,
de las casas a la taberna.
El pasado no convence a nadie,
pero es hora de que de la tierra
salgan los cráneos agujereados
por la bala más terrible:
la del olvido culpable.
El árbol de la conciencia
restaura la piel carcomida,
entierra a los muertos
con su lápida correspondiente.
Duele sentir la crucifixión
por cada página que se lee;
con cada línea que se escribe
la verdad se comprende:
duele reconocer a tu patria
en los horrores de tu gente.

El índice

TODOS los capítulos que llenan este libro,
que aún no sé cómo se titula,
llevan una explicación diferente,
y todos los deseos que caben en un sueño,
que tantas veces se cambió de lugar,
obtienen un resultado distinto.
Todos los sabores de la mesa
en cada ocasión guardan un secreto.
Y mientras comen o beben, los hombres explican
su éxito o su fracaso con una visión distinta.
Y las mujeres, hayan probado pocos
o muchos platos, prefieren no hablar
de los ingredientes que contienen las recetas.
Y todo lo que se dice, sea a un niño travieso en la cocina
o a un anciano despreocupado en el banquete,
aparece en las líneas de la mano;
distinta una de la otra, única en cada ocasión:
¿se ofrece o se separa?, ¿se alarga o se encoge?,
¿se guarda en el bolsillo o se saca fuera?
Los trajes se ven de otra manera, estén en la percha
o cubran el cuerpo en un jardín cerrado
o en una terraza al aire libre,
los vestidos presentan sus contrastes
luzcan en invierno o en verano,
en una fiesta o en una despedida.
Todo lo que vemos cambia al momento.
Diferentes tonos contienen
la música que se oye por la tarde o por la noche.
Sabemos, aunque se presenten al unísono,
que su unidad está compuesta de múltiples fragmentos.
Que, aunque no suene igual para todos,
un índice diferente tiene para cada uno.

La elección

CAMINABA, necesitaba respirar aire limpio,
pensar en lo que me esperaba:
pintar un cielo donde no hay una nube,
un mar donde no hay olas,
una hoguera donde no hay fuego,
un sendero donde no hay camino
para que el hijo pródigo vuelva a casa.
Caminaba sin bosque ni monte,
no había árboles ni hojas,
arrancaba flores en una maceta
de palabras envenenadas.
No pude acudir adonde me llamaban.
Me concentré en la tarea:
ordené los pinceles sobre la mesa,
los aceites y pigmentos en la tabla de madera,
los paños y el bote de agua puse cerca,
la brocha y la espátula en la esquina;
con la bata que cosiste con tu mano,
pero no pude encontrar el camino de regreso.
Era una elección, pero podría ser que no la fuera.
Podría mentir, pero no lo hice:
un país alejado, problemas con el pasaporte,
mi otra vida, una exposición importante,
la necesidad de separarme de la muerte
o la de apuntalar lo que seguía vivo.
Nunca antes escuché que un hijo amado
no pudiera asistir al funeral de su madre.
Ahora que, con tonos apagados,
languidece el recuerdo, en un parque
rodeado de rascacielos de cristal y acero
que apuntan con sus dedos a lo alto,
recojo las piedras del suelo,

por si pudieran ser las de una tumba
puesta en otro sitio y que un día se encontrase,
y escribo con un pincel fino
tu nombre, con unas pocas frases
de una lengua distinta que aprendí de niño.
Después de arrancarlas,
las flores crecieron con brotes nuevos.
Después de todo, no te olvido:
pinto lo que está conmigo
y alguien llevó a otro lugar.

La paz

PUEDE una mano abrir la puerta en paz
como lo hace todos los días la llave con la cerradura,
pero también puede disparar una bala
que atraviesa la bandera extendida
y encender un fuego que se creía extinguido.
Aun cuando todo parece que se acaba
y las palabras pudieran no tener razón,
en una aparente fuga desconocida
que no repara en lo que hace,
un resquicio abre la puerta de la vida
donde en un principio no se veía nada.
Pudiera ser otra la opción:
una abertura a la entrada del infierno
que no se creía que fuera a estar helada.
¿Cuántos desaparecidos hay en la tierra
que arden en el fuego de la memoria
y no salen, por miedo, a la superficie,
y que por eso mismo no está apagada?
Pero una posibilidad nos mantiene despiertos:
la paz no se negocia para que viva,
la guerra no se olvida para que no vuelva.
Una oportunidad para que regresen a sus hogares,
pero sin banderas blancas manchadas de sangre.
Una oportunidad para erradicar su sorpresa
−hombres y mujeres, ancianos y niños−,
recordar su afrenta, el desvalimiento, la vergüenza,
la ingenuidad rota −cuántas fueron niñas−,
por la mala suerte de cruzarse con unas armas
cuando su humo estaba al rojo vivo.
Aun si parece que el fuego está extinto,
una oportunidad nos mantiene atentos:
no podemos esparcir las cenizas del presente

como si no hubiera habido ceniza antes.
Vigilantes también: vale más la reserva.
Asombrados también: el perdón
antes que la venganza, que el estruendo.
Abrumados también: vale más el silencio.
Expuestos por el aprendizaje, por los sucesos:
la paz no se cuestiona, el dolor no se rebate.

El incendio

LOS sueños que no se cumplen
se repiten a todas horas.
Solo Dios conoce la razón
de que no se realicen;
exigen al hombre su aceptación,
pero este va en busca del milagro
que no se ve hasta que se enseña
la demolición terrenal del amor.
Pocas veces a lo largo de una vida
se da la excepción; pasa
tantas veces como se olvida.
Iluso, persevera en el prodigio,
persiste en atravesar rocas
y llevar los manantiales
hasta el jardín de su casa,
mientras su suerte, agazapada,
abre la puerta al incendio
que arrasa paredes y tejados
en una realidad atormentada.
La guerra atrapa a aquel que sangra,
goza de la locura que derriba,
nunca se doblega ante la muerte;
es la única que no sueña
ni pide a Dios que pare.
En su consuelo no es culpable:
portento que no cesa,
llega para quedarse.

La pared

LA pared ocupa el lugar,
divide los aposentos,
tapa las conversaciones,
oculta el cuerpo desnudo
que sale en penumbra,
por la cristalera entra
el viento. Afuera,
una flor de sol
sobre el dintel de la puerta.
Y la entrada con una estrella
de siete puntas y círculos
de una profundidad diferente:
el pozo de la intimidad
en el rincón compartido.
No debemos olvidar
la lección que perdura
cuando el mundo
se dirige a otra parte
desde la ventana:
se protege para que nadie
se lastime dentro.
Rebosante de agua clara
el asombro inevitable;
no tiene por qué colgar un crucifijo.
Con las páginas abiertas se lee.
Con las cerradas del libro
se apacigua la mirada.

La consumación

PRIMERO fue la alegría y más tarde la sorpresa:
se podía leer el libro mientras se escribía.
La alegría por la vida y la sorpresa por esa alegría.
Hubo constelaciones inesperadas,
perdidas, ausentes, encontradas, recurrentes,
huidizas, causales, envolventes.
Estas tres últimas podrían ser iguales
a la consumación de los siglos.
Las otras tienen una explicación diferente:
se sale fortalecido de las inesperadas;
con las encontradas se permanece sereno;
con las ausentes se indaga en su misterio
y con las perdidas en el asombro.
Se gana en experiencia con las recurrentes.
No se puede volver al principio
y hay que ser valientes:
el pulso no puede temblar,
la tez no debería palidecer,
la voz no debería atragantarse;
el final no acaba con uno mismo.
El desenlace no tiene una fecha escrita.
Las huidizas son las que vuelven.
Las causales nos renuevan.
Las envolventes convierten la soledad
en entereza. Cierran el libro.

Ella muere

ELLA muere, pero no tiene
quien la acompañe.
Se queda en silencio
cuando alrededor se pregunta
por qué no viene.
Ella ve a la muerte,
coge su libro y no lo suelta:
No cuenten con que llegue
aquel que quieren.
De sus páginas sale un ángel
que la conduce a otra parte.
En la cara, la sonrisa;
la sombra con la guadaña
escudriña sus dedos,
pero no siente miedo.
Insiste en que se lo devuelva
para que no se confunda
al sentir que abandona el mundo
en la cama de siempre.
Sus ojos no pueden olvidar
lo que también es suyo.
Lo hace sin un lamento
por aquel que no viene,
el precio de la soledad es que no llore.
No es un esfuerzo recordar
la semilla que aún no trasluce.
Una flor lleva el ángel en sus labios,
la muerte pronuncia las sentencias breves
para que no sea otro a quien con él arrastre,
pero su embrujo no le hace daño
ni le somete su fuerza ni la sorprende.
El libro de las constelaciones es su título:

Miren a la muerte y no la teman.
Miren a las estrellas, verán a otros.
No cuenten con que llegue
aquel que quieren.
Algún día se sabrá todo:
la cadena en el momento en que se parte,
la oscura sucesión cuando se duerme.
Ella muere, a su lado
no está quien quiere.

La despedida

EN las primeras filas de la iglesia
doce monjas alaban al Señor,
piden que acoja a una de sus huéspedes.
Cantan en euskera, pero sus rostros las delatan,
su piel oscura proviene de países
surgidos allá en los mares.
Parece otro tiempo, sus labios rezan en latín;
uno antiguo, pero no lo es:
visten como vestían las aldeanas
en un domingo de feria, con sus mejores galas:
con un vestido azul oscuro, un pañuelo gris
en la cabeza, alpargatas negras
con cintas hasta las rodillas,
el delantal gris sobre el vestido,
y otro gris con ribetes rojos en el cuello.
Los lugareños viajaban al otro lado del mundo
y cristianizaron a los indígenas;
las mujeres que se quedaron en casa
las acogieron como hijas suyas.
Hoy son los descendientes de estos nativos
los que ayudan a humanizar la leyenda
de quien abandonó este capítulo de la vida
y regresa al pozo del nacimiento.
La nostalgia tiene un peligro:
si vuelve el pasado, enferma el corazón.
Mas tiene una recompensa,
cuando es triste el momento
se ensalza su valor en la despedida.
Cantan con serenidad estos versos
aprendidos de los mayores:
cantarán mis labios
la melodía que viene conmigo cuando
frente a él esté.

Salmos protectores, estrofas populares,
sin acompañamiento musical;
ecos religiosos, profanos,
vuelven a eternizarse:
esa mi única compañía.

El legado

DESDE que las sombras se desvanecen
y sale el sol, se transmite el legado,
de generación en generación,
para que el día de mañana sea mejor.
Puede que pase mucho y no sea tanto,
que pase poco y sea inevitable.
Nadie lo sabe; nadie lo espera;
pocos leyeron el libro donde se avisa,
pero, aunque parezca improbable,
se secarán los ríos, enfermarán los árboles
y el mar se encontrará con el cielo
por una escalera de rocas desnudas.
Inesperadamente, entre tantas nubes negras,
morirán peces, animales, hombres, mujeres y niños;
pero frente a la destrucción súbita
la muerte no asustará como antes.
La pregunta que queda en el aire
será respondida por otros;
como no nos podemos quedar a ver lo que sucede,
no puede haber una reacción violenta:
la vida que se extrae del panal supremo
se envuelve de humo y las palabras de aliento
que salen asfixiadas de la boca
intentarán explicar el final desde el principio.
Puede que todo no sea tan remoto como se cree
y de un tiempo a otro sea ciclón y abismo.
Espero equivocarme y que el futuro
sea mejor de lo que creo, dice
una frase en el diálogo del libro.
Mucho que será poco, escrito está al margen.
Poco que servirá de mucho, dicho en silencio.
"Preferible la muerte que no anochece,
remedio el amor venidero", esta es mía.

El abismo

VIDAS fragmentadas, pero no en el cielo
ni en el infierno, sino en la tierra.
Nada especial ni diferente a lo deseado,
algo distinto que niegue los elementos
que ofrece la naturaleza o el sueño
en el que nos limpiamos la cara
o el abismo en el que perecemos.
La inocencia intenta demostrar la salvación
con el paso erróneo que nos atormenta.
Se lucha por ser mejores, se superan retos
y después de años de dificultades,
queda en el dolor que aún nos envuelve
esa venda que no cura el daño causado.
¿Qué endeble hoja oculta la mujer?
Frágil rama sostiene el hombre.
¿Qué labio inocente besa la conciencia
como se bebe a sorbos el instante?
El jarrón delicado o el robusto cántaro
tiene un roce distinto: certero
y dañino por cada fracaso,
ligero y amoroso con cada acierto.
Ya no es la soledad de estar vivo,
sino vivir sin soledad que la dañe.

La reparación

DE todo lo recibido, hoja rota, zapato usado,
botón descosido; y de todo lo soñado,
agua mansa, estrella de cerca, luz nocturna;
de todo lo que has deseado y no has conseguido,
moneda en el bolsillo, libro abierto,
ojos sobre los tuyos, música que escuchan los oídos,
teclas que se mueven con tus dedos en el piano;
de las cosas que has respirado, nogal, fruto, pájaro,
el tiempo cubre el rastro de su olor en la arena.
Si fuiste vela apagada y te convertiste en candela
ante un altar mal iluminado, si quisiste ser navío
y fuiste piragua, si quisiste cantar y fuiste pentagrama,
papel donde se leen estos versos sin trascendencia,
de todos los mundos posibles habita el renacido
en un terreno donde los caracoles duermen en verano
y los galápagos crecen bajo tierra.
Pasa otro tanto con el gusano que come la madera
de los bosques de Europa o el calor que atosiga
con los mosquitos a los que duermen en la selva
o el fuego que quema los matorrales
cuando huyen los animales del Amazonas.
De todos los incendios que se ven desde el cielo
el humo salva su vida elevándose entre las piedras,
abeja que parecía ausente, hormiga
que parece que no camina y llega a la meta.
De todas las soledades imposibles, pero que son ciertas,
y de todos los rechazos inimaginables, que son muchos,
nace el renacido que con sus manos toca el fondo
cuando alrededor no hay quien respire.
Si fuiste rayo y eres tortuga, si te fuiste y eres regreso,
si fuiste casa que se ahoga con el agua al cuello,
debes saber que volverás a ser reparada,

chimenea, azulejo, cortina, despensa, armario, vitrina,
foto que se quema y no es ya recuerdo.
Si fue una causa perdida, la tuya será ahora distinta.
Si fuera de otro, bastante será haber nacido.

La exploración

LLEGARÁ el purgatorio a ser ausencia
que engendró en vano su continuidad.
Los exploradores verán ojos almendrados
en las cuevas oscuras del pensamiento.
Arqueólogos experimentados
sacarán a relucir las piedras del cementerio.
El humo lleva el sabor de la miel,
la sangre el reguero de los labios,
la roca explotó por dentro:
¿qué estrellas son esas que vuelven al centro?
¿Son ángeles que cruzan el firmamento
o seres dormidos que estuvieron despiertos?
La incertidumbre no tiene una atracción
que llame a lo que no ha sido,
contiene páginas escritas
con tantos nombres como sonidos distintos:
el libro que pintaban las manos,
los dibujos en la cueva ante el fuego
que alumbra los límites de la eternidad,
la lejanía en una cercanía intrascendente,
la inocencia de creer que la vida no terminaría.
Escrito con una tinta invisible
algún día se descifrará su pulso único.
Saldrán los restos ocultos,
aparecerán los símbolos sagrados,
se medirá el silencio perdido,
se descubrirán las fosas de los desaparecidos
a las afueras de las ciudades.

El firmamento

ELLA es firmamento como otros son
polvo terrenal o materia escindida.
Ella es señal que proyecta su vida
y repara su muerte con cada despojo.
Ella separa su frente del espejo
y observa sus labios resecos:
quisiera decir algo, pero no puede,
son bellos, pero no como eran.
Recuerda las palabras del libro:
constelación que se abre,
espacio que nunca se divide,
amor tan grande como una estrella
que ilumina la estancia.
Ella es ese refugio sagrado
donde los sueños se cobijan,
deseos que perduran, restos
que quedaron sobre el mantel del tiempo,
papel donde se dibuja lo que se lee,
firma que nunca olvidó su nombre,
carta astral que alguien pudiera encontrar
más pronto que tarde.
Como otros son materia dividida
o polvo sesgado, ella lee
El libro de las constelaciones.
Parece difícil, hermético, pero no lo es.
Parece otro, mas es el de siempre.
Es infinito: vuelve y no es.
Tiene ida y tiene regreso.
Milagro que se escribió despacio,
hay que preguntarse por la razón desconocida:
¿por qué no se lee lo que debe ser aprendido?
¿por qué no se entiende que lo que se padece

volverá a suceder con más fuerza?
Desaparece el fuego en el anonimato.
Resuelve el perdón divino su mensaje.
Aclara la conciencia inevitable.

El libro

ESCRITA en una lengua, traducida a las demás,
explicada con dibujos en las cuevas,
con miel en los labios en las montañas,
antes de zambullirse desde las rocas al mar
navega por el fondo de los sueños,
se desplaza como los peces,
como las aves vuela de una página a otra,
canta su esperanza pintada
en las sábanas que nos adormecen.
Sucederán grandes cambios, nos dice,
mantened la visión de lo perfecto, nos repite,
la belleza y la armonía son una, nos recuerda.
El amor no deja pasar al odio
y su consideración alcanza estas páginas
por si alguno finalmente las lee.
Cuando duermas, podrás ver a esa mujer
que lo hace al borde de la cama.
Cuando estés en su compañía,
no confundas el deseo con los hechos
ni las constelaciones con la muerte.
El libro universal es de todos,
para los muertos y los vivos sirve,
en una lengua u otra se ofrece:
sucederán cambios inesperados,
pero en la ambulante vida
vencerá lo que permanece.

Ella lee
de
Kepa Murua
se terminó de imprimir en octubre de 2025.
171 años antes nacía en Dublín
Oscar Wilde
quien escribió:
La verdad es raramente pura y nunca simple

*

Esta edición consta de 300 ejemplares

Chamán ante el fuego (Poesía)

1. *Desde el mar a la estepa (Antología de poetas del sudeste español)*
2. *Rocinante*, Alfred Corn (antología bilingüe inglés / castellano)
3. *Volvimos a escuchar ese adagio de Mozart*, Guillermo Samperio
4. *El libro blanco*, Augusto Rodríguez
5. *Exhumación de la fábula*, Javier Bello
6. *Las lágrimas de Chet Baker caen a piscinas doradas*, Abel Santos (2ª edición)
7. *Hierofanías*, Alfredo Rodríguez
8. *Breve historia del circo*, Pablo Cerezal
9. *Miguel Hernández. El que no está*, Sergio Delicado (2ª edición)
10. *Pólvora en el sueño*, Miguel Ángel Velasco
11. *Las mudas soledades*, Pedro Gascón
12. *Celebrad los días. Poesía Completa*, Sergio Algora
13. *Labor de melancoholismo*, Toni Montesinos Gilbert
14. *Con todo este ruido de fondo o El imperio de las luciérnagas*, Vicente Velasco Montoya
15. *Vigía de tu paso*, Pilar Blanco Díaz
16. *El paso que se habita*, Esther Peñas
17. *Latido izquierdo*, Rubenski Pereira
18. *Animal fabuloso*, José Óscar López
19. *También vivir precisa de epitafio. Antología poética (1983-2017)*, Javier Sánchez Menéndez
20. *Teimosa maré / Terca marea*, Manuel Neto dos Santos (edición bilingüe portugués / castellano)
21. *Abril en los inviernos*, Nicolás Corraliza
22. *Refugio en el vuelo*, Pedro Sánchez Sanz
23. *Hasta que nada quede (Poesía reunida 1978-2019). Volumen I. Obra publicada*, José Antonio Martínez Muñoz
24. *Digterne / Poetas*, Pejk Malinovski (edición bilingüe danés / castellano)
25. *El momento (Una manera de medir el tiempo I)*, Valentín Carcelén
26. *La luz de lo perdido (Antología poética 1976-2020)*, Javier Lostalé
27. *Yo escribo la noche*, Pilar Blanco Díaz (Premio de la Crítica Literaria Valenciana 2021)
28. *De lo terrible*, Ana Martínez Castillo

Chamanes en trance (Didáctica)

1. *Geografía de la luz: poesía última de Eloy Sánchez Rosillo,* Miguel Ángel Rubio Sánchez (Ensayo)
2. *Desvío a Buenos Aires. Diario de una poeta en la Patagonia argentina,* Concha García (Diario)
3. *Diario de un confinado y otras estampas,* José Juan Morcillo (Diario y artículos)
4. *Otoñal y barojiana,* Miguel Sánchez-Ostiz (Ensayos)
5. *Hacia lo verdadero (Cercanías a la vida y al arte en la poesía de Claudio Rodríguez),* Luis Ramos de la Torre (Ensayo)
6. *La fiesta del miedo (Arte, poesía y psicoanálisis. Diálogos con Antonio Méndez Rubio),* VV. AA. (Ensayos y conversaciones)
7. *Puntos de fuga. Nuevas patologías de la vida cotidiana,* Javier Lorenzo Candel (Ensayo)
8. *La decisión ininterrumpida. Diario de un poeta y editor (2008 - 2009),* Kepa Murua (Diario)
9. *Mi padre me visita en sueños,* Frutos Soriano (Dietario)

Chamanes, a escena (Teatro)

1. *El camino de los elefantes / La entrevista,* Antonio Rodríguez Jiménez
2. *Silvana,* Mercedes Lozano López

www.chamanediciones.es